ブックハンターの冒険

古本めぐり

牧《maki》 眞司《shinji》

学陽書房

ブックハンターの冒険——目　次

＊文中の引用につきましては、できるだけ新漢字、新かな遣いに改め、読みにくいと思われるかな表記には、筆者の判断で漢字にしたものもあります。

ブックハンターの冒険

古本めぐり

この本を妻、紀子にささげる

——本書の印税はすべて古本代にあてることになっている。
君にあげられるのは献辞だけだ。あしからず。

序章　古本日記Ⅰ
——晴探雨読日々是楽園——

某月某日

よく晴れているので、古本屋のハシゴをする。朝から高円寺の古書展をのぞき、その近くをひとまわり。探していた『シャルル・ノディエ選集第四巻』（篠田知和基訳、牧神社、昭和五一年）を見つけてホクホク。これで全五巻が揃った。この日はそのほか収穫が多く、とても持ち歩きができない。もよりのスーパーマーケットで段ボール箱をわけてもらい、宅配便にて送る。こういうことがあるので、カバンにはいつも梱包用ガムテープを入れておかないとならない。

某月某日

雨降り。ひがな一日、本を読む。宮崎惇『ミスターサルトビ』（講談社、昭和四四年）、五味康祐『スポーツマン一刀斎』（新潮社、昭三一年）、ブラウン＆レイ『火星探険』（白揚社、昭和三三年）、フリードマン『マザーズ・キス』（大井浩二訳、筑摩書房、昭和四五年）。まるで脈絡がない。もちろん、どれも古本屋で買った本。

某月某日

用事があって市役所まで出かける。途中、一軒の古本屋を発見。店先の見切り本のところに「詰め放題で百円」の貼り紙があり、スーパーで使うようなビニール袋がまとめて吊してある。冒険小説やサスペンスものなど、文庫や新書を十数冊ぎゅうぎゅうに詰めこむ。これらは風呂につかりながら読むための本だ。

風呂で読書する人は多い。友人のなかにも、本を濡らさずに読む方法をいろいろ工夫している者がいる。しかし、ボクはめんどくさいので、「濡れてもいい、読んだらすてる」を前提に、安い古本を仕入れることにしている。いま、風呂で読んでいるのは、レイモンド・チャンドラーの『長いお別れ』。

某月某日

SF仲間のF君からEメール。早稲田のG書店にラインバーガー『心理戦争』(須磨彌吉郎訳、みすず書房、昭和二八年)が出ている由。なんてこと、早稲田の古書街は昨日まわったばかりじゃないか。もちろんG書店にも立ち寄ったが、入口近くの文学系の棚をのぞいただけで帰ってしまった。『心理戦争』は、きっと社会学関係の棚に並んでいたのだろう。

この本の著者、ポール・ラインバーガーは政治学の博士だが、コードウェイナー・スミスのペンネームでSFも書いている。有名なのは遠大な未来史連作であり、その背景として《人類補完機構》と呼ばれるウルトラ官僚機構が設定されている。ボクはかねがねその着想に興味を抱いており、政治学者としての著作『心理戦争』が読みたかったのだ。
おっとり刀でG書店に駆けつける。果たして『心理戦争』は売れずに残っていた。やはり社会学関係の棚にあった。ホクホク顔で家に帰ると、またF君からEメールが入っている。「気になって、今日またG書店に寄ってみたのですが、すでに『心理戦争』はなくなっていました。誰か買ってしまったのでしょう」。すみません、買ったのはボクです。ちょうどF君と入れちがいになったらしい。彼の気づかいに感謝することしきり。

某月某日
取材先で立ち寄った古本屋で学習雑誌の付録を見つける。海外SFの抄訳もののほか、シャーロック・ホームズが二冊。これは、コナン・ドイル研究家のK君へのお土産にしよう。後日、K君に渡すと「ホームズものの付録はすでに何種類も手元にあるんですが、そのどれともちがってますねえ」と、喜んでくれた。しかし、そのうち「しかし、このテはいったいどれくらいあるんだろう。いくら集めてもキリがなさそうな……」と苦悩の表情。マニアの道は険しく長いのであった。

某月某日
古書展で、小松左京『日本沈没』上・下（光文社、昭和四八年）を購入。なんと初版本である。値段は二冊でラーメン一杯分。定価よりも安いのだ。ボクは初版本マニアではないが、大好きな小松左京、しかも、一世を風靡《ふうび》した大ベストセラーの初版となれば手元においておきたい。しかし、われながらよく見つけたものだ。ふつう、古本屋で『日本沈没』を見かけても、まず手に取らないだろう（増刷版ならばすでに持っている）。なにせ百刷以上も版を重ねている本なのだ。まさか初版とは思わない。今回だって、タスキもかけずにあたりまえに書架に並べられていたのだから、見すごしてしまってもムリはなかった。ところが、ただの気まぐれか、それとも古本好きの勘か、なんとなく気になって奥付を開いたのである。

古本の流通とはおもしろいもので、わずか三千部しか発行されなかった本を見つけるのはさほど困難ではないが、累計数十万部（『日本沈没』はそれ以上だが）というベストセラーの初版本を見つけるのはむずかしい。もっとも、だからといって古書価が高くなるわけではありません。念のため。

某月某日

仕事から帰ってきた細君が、「今日の昼間、『ブック・オフ』に行ったでしょう？」と言う。どうしてわかったのだと聞き返すと、領収書をもらうとき一枚上の控えの宛名が「牧」だったそうな。どうやら、その店で領収書をもらうのはボクら夫婦だけらしい。最近では店員から「マキって、どういう字を書きますか？」と尋ねられることもなくなった。黙って、領収書の一枚前をめくって見ているのである。うーん、なんだか恥ずかしいなあ。
『ブック・オフ』とは、ごぞんじ新古本の大型チェーン店。ボクの住む街の駅前にもあり、夫婦で利用している。このテの古本屋には「掘り出し物がない」などと言われるが、そんなことはない。なにを掘り出し物とするかにもよるけれど、たとえば、かつてバンダイから出ていた特撮雑誌〈シネフェックス〉が缶ジュース代くらいで買えたりするのだ。そのほか児童書の棚も要チェック。

某月某日
神田の古書会館での古書展。目録で注文しておいた西沢勇志智『炭素太功記』(慶文堂書店、大正十五年)、嬉しいことに当籤《とうせん》している。これは、かつて横田順彌さんが『日本SFこてん古典』で紹介して一躍話題となった、物語じたての受験参考書(化学と歴史がいっぺんにわかる!)。古本探しをはじめて二十余年、ようやく現物を手にできた。すっかり嬉しくて、あまり必要のない本まで買いあさる。

某月某日
五反田の古書会館での古書展。目録で注文した本はすべてハズれている。自棄になって、あまり必要のない本まで買いあさる。

某月某日

カリフォルニアのマーク・ジーシングからカタログが到着。基本は新刊書店だが、出版も手がけ古本も扱う。もともとはSFやホラーを専門にしていたが、店主の趣味でだんだんとカウンターカルチャーやアングラっぽいものが、カタログのなかで幅をきかせるようになってきた。アメリカのメールオーダーといえば、五十ドル以上で十パーセント引きとか、特別ご奉仕品とか、価格面でのサービスがあたりまえだが、ジーシングではこうした値引きはしていない。自分のところで出版するものくらい予約割引でもすればいいのに、頑固に定価販売を貫いている。だからジーシングに直接注文するよりも、ディスカウントの効くほかのディーラーから買ったほうが安いのだ。

それでもジーシングとの取り引きをやめられないのは、カタログのコメントがめっぽうおもしろいからだ。たとえば、「この作者はグレートだ。版元もグレートだ。さあ、アンタもグレートになって、この本を買いなさい」「注目の新人。すばらしい書き手だ。オレはまだ読んでないけど、そのうち読む。キミはいま読め」といった調子。さらに自分が気に入らない本は平気で貶《けな》す。「げえ、クダラナイ本を仕入れちまったよ。だれでもいいから買ってくれ」「この表紙サイテー。あやうく昨日の夕食と御対面しそうになったぜ」。それでも買う人いるのかね。

このカタログは月刊ペースの発行。そのたびに何か買わないと次のカタログを送ってくれないから、たいへんなのだ。ついついほかのディーラーに頼めばディスカウントしてくれるものでも、この店に注文してしまう。カタログ欲しさに本を買っているのだから、まったく本末転倒だ。

某月某日

細君と外出。新宿のデパートで古書展が開催されているので、朝いちばんで訪れる。「出かけると、いつも古本ばかり」とふくれっ面の妻だが、会場をまわるうちに、ひとかかえも本を抱えている。茶道や着物など大判で値の張るものばかり。しめて二万数千円のお買い物である。それにひきかえ、こちらの収穫はたったの一冊、バローズ『ターザン物語3』（塩谷太郎訳、講談社、昭和三〇年）五百円也。あわせてボクのカードで精算。とほほ。

某月某日

古書展の目録に、星一《ほしはじめ》『支那の歴史』（星同窓會、昭和十三年）が載っている。しかも二冊。別な書店の出品だが値段はおなじ。ままよと、両方注文してしまう。どちらか一冊は当籤するだろうと思っていたら、二冊とも当たってしまった。ま、ハズれるよりはいいか。（星一は星新一のお父さん。戦前の大企業星製薬の創設者にして、無類のアイデアマンである）

某月某日

新宿の喫茶店で、Hさんと仕事の打ち合わせ。

古本こそ集めていないのだが、ある意味、この人ほどマニアックなコレクターはいない。日本国内で出版されるＳＦ・ファンタジイを、あますことなく集めているのだ。本のどこかに「ＳＦ」の表示があるものはもちろん、ちょっとでもＳＦ的設定、あるいは空想的・非日常的・ファンタスティックな要素が含まれているものなら、アニメやゲームのノヴェライゼーションから現代文学まで、あらゆるものを網羅的に買いあさっているのである。

そういう買い方をしていれば置き場の問題は避けられず、このごろは顔を合わせるたび、「部屋に本が入らないよ、このままじゃオレ、どうなるんだろ？」とボヤいている。しかし「どうなる？」と聞かれてもねえ。正直に答えたらあまりに残酷ではないか。

そうするうちにＨさん、「でも、人間どうせいつかは死ぬんだものな。死んだら本を集めなくてすむよなあ」などと言いはじめる。目が遠くを見ている。「そうだ遺言書いておこう。オレが死んだら、牧とＫとＭに蔵書を譲ろう。三分割すればなんとかなるさ」

いや、三分割したからといってどうなる量じゃないでしょ。すでに冊数ではなく、トン単位で数える領域なんだから。象が乗っても壊れない丈夫な筆箱でも、Ｈさんのコレクションを乗せたらひとたまりもない。だいいちボクは、ゲームやアニメのノヴェライゼーションなんて要らない。Ｈさんが長生きしてくれることを切に祈る。

某月某日

調べものがあって、ミステリ研究家＆コレクターのＭ君に電話をする。「その雑誌なら本棚の前に積んであります。ちょっと待ってください」と、さすが頼もしい。しかし、電話のむこうから雪崩《なだれ》のような音がしたかと思うと、そのあと、いくら呼んでも応答がない。以来、M君の消息はようとして知れない。

某月某日

池袋の古本屋で、ケイ・シセリス『魚が出てきた日』（一ノ瀬直二訳、角川文庫、昭和四六年）を購入。同題の映画のノヴェライゼーションである。放射性物質をめぐるブラックな風刺劇で、むかしテレビ放映で見ておもしろかった。小説版はすでに初刊の集英社版を持っているが、最近ではむしろこの文庫版のほうが見つけにくい。

買った本は、トビラに蔵書印が押してある。ボクは蔵書印を気にしないほうなのだが、今回はちょっと事情がちがった。というのもその蔵書印というのが、むかし一緒にSFのグループをやっていたTさんのものなのだ。もう二十年以上会っていないが、蔵書を処分してしまったのだろうか。ふと気がつくと、旧友の消息よりも蔵書の行方のほうを気にしている。ああ、オレってなんて薄情なんだろう。

第1部　ボクの修行時代

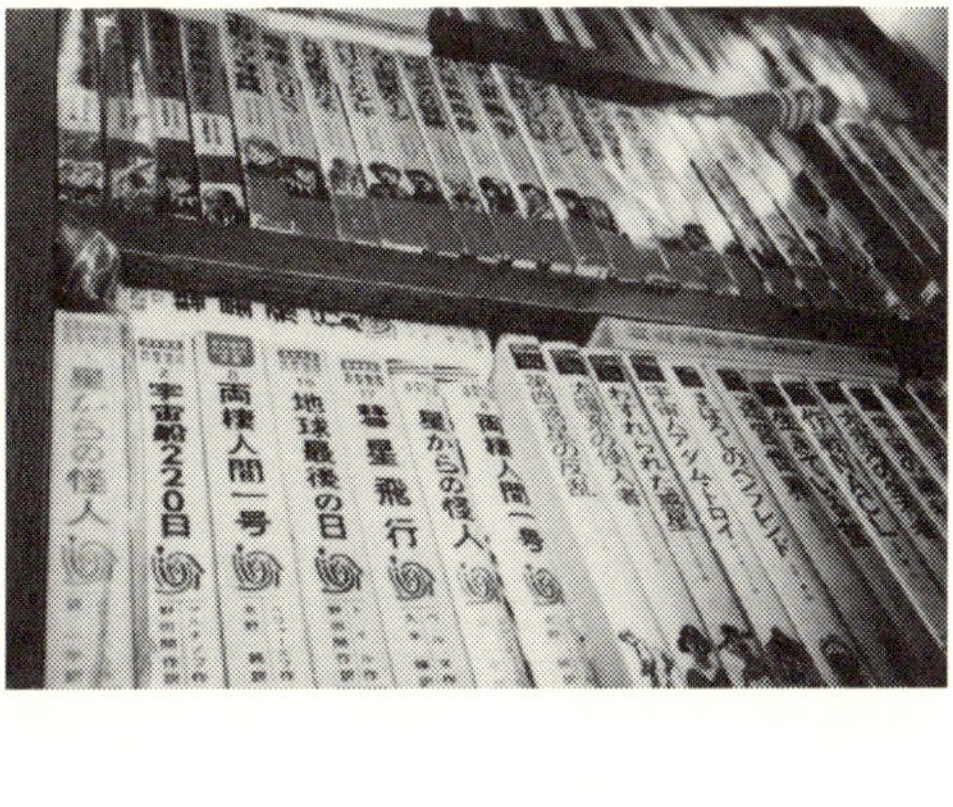

第1章　古本屋がボクの教室だった

不良少年、自転車をこぐ

高校のとき、赤点をとったことがある。

それも期末テストの赤点ではない。通知簿にくっきりと赤がついていたのだ。ふつうは黒いペンで記入されている成績が一箇所だけ赤鉛筆だから、見た目にも怖ろしい。いまはどうか知らないが、当時の都立校は一学期と二学期が十段階評価、三学期は通年分の成績ということで五段階評価だった。十段階で「3」以下だと赤点である。しかし、ボクの場合は「点」すらついておらず、赤鉛筆で括弧が書かれていた。三年生の二学期のことである。学科は物理。

これにはアセったね。自慢じゃないが物理は得意科目だったし、じっさい一学期の成績も「10」だった。それがいきなり赤点、いや、赤括弧である。級友たちに訊ねてみても、こんなヘンな評点のついているヤツはいない。あわてて担任の教師に聞きにいくと、「あっ、それ。出席日数が足らないんだねえ」。

そんな、バカな。

毎日、学校に来ていますよ、ときどき授業はサボりますけど。そういいかけてハタと気づいた。物理の授業は、水曜の五・六限と土曜の三・四限。まさにボクがよくサボっている時間帯ではないか。しかし、規定の出席日数に満たないほど怠けていたとは。

こうなると弁解の余地もない。学校をサボって街をうろついているのだから、正真正銘、立派な不良少年である。あ、不良少年に〝立派〟はないか。街をうろついていたといっても、不純異性交遊をしたりパチンコ屋や雀荘に出入りしたり、妙なモノを吸っていたわけではない。古本屋をまわっていたのである。

ボクの家は東京都国立市の西側にあり、通っていた高校は国立市の東端から市境をまたいだ府中市にあった。自転車でのんびり三十分くらいの距離だ。家と高校を結んだ線を底辺として正三角形を描くと、その頂点あたりが国立駅である。その周辺に四～五軒の古本屋があった。店数が曖昧なのはツブれる店、新しく開店する店の入れかわりがあるからだ。

そんななかで旭通りにある谷川《やがわ》書店は、店構えのしっかりした古本屋である〔註1〕。ここでいう店構えとは物理的なことではなく、店の雰囲気・活気のことだ。棚の回転がよく、いくたびになにか見つかる。そのうえ、オジさん（ご主人というべきだろうが、長年のつきあいなので親しみをこめてそう呼ばせてもらう）は、気っ風のよさと愛想のよさを持ちあわせた好人物。品揃えと雰囲気でファンが多い。谷川書店の話は、あとでまたじっくりしよう。

高校生のボクは、その谷川書店をはじめとする国立駅周辺の古本屋を、週二回程度（多いときは三回）、学校の行き帰りにパトロールしていたのだ。その行き帰りの時間が、だんだん通常の始業時間や下校時間とズレるようになって、たまたま物理の授業と重なってしまったわけだ。

そもそもボクが古本を買いはじめたわけ

自転車での古本屋パトロールが習慣になったのは高校生からだが、古本を買いはじめたのはもっと前だ。

講談社や集英社の子どもむきSF叢書で育ったボクは、中学生になるとすぐに図書室のSFを読みつくしてしまい、こづかいで〈SFマガジン〉を購読し、《ハヤカワSFシリーズ》や創元推理文庫のSFマークを集めはじめていた。そのうち、書店の棚で見つからない本は、注文して取りよせればいいということも自然におぼえた。

しかし、そうそう上手くはいかない。「品切れ」「絶版」と言われれば、それまでだ。現在のように出版のサイクルは早くなかったけれど、それでも五年前、十年前の本になると手に入らない本が多かったのである。もっと早く生まれていればとホゾを噛んだのも一度や二度ではない。タイムマシンがほしかった。

そんなとき、誰かに聞いたか何かで読んだかして、世の中には古本屋（古書店）という商売があり、そこに行けば「品切れ」「絶版」の本も見つかることを知った。問題はその古本屋がどこにあるかだ。近場といえば前述した国立駅周辺の古本屋なのだが、ボクの家は国立駅のある中央線ではなく、南武線寄り（ようするに田舎）だったので、そこまで行動範囲が届いていなかった。もちろん、そのころは『全国古本屋地図』という便利な本があることも知らない。そこで、やみくもに神田神保町をめざしたのである。リンゴといえば青森県、ブドウといえば山梨県、古本屋といえば神保町。社会科でそう習ったではないか（ウソ）。

　中学二年の春休みだったか夏休みだったか、お茶の水駅から駿河台の坂を下って古書街にたどりついた。いまでこそスポーツ用品店やファーストフードの店ができているが、当時は街全体なんとなく地味で煤《すす》けた印象だった。もっとも、まだ中央大学が移転する前だったから、学生街の匂いはずっと濃かったと思う。大学生はいまよりずっと貧乏で、神保町もチープでアングラな感じがした。大学生が貧乏ならば、中学生はウルトラ貧乏である。往復の電車賃もバカにならず、それを差し引くとサイフの中身は千円ちょっとしか残らない。そのスズメの涙で古書街をまわろうというのである。蛮勇というか、若気のいたりというか、ようするにガキだったのだ。

　このときに見つけたのは、アーサー・C・クラークの『都市と星』（真木進訳、早川書房、昭和四一年）。ずっと読みたかった本だから、ホントに嬉しかった〔註2〕。あとになってみれば別に珍しい

『全国古本屋地図』
出かけるときは忘れずに。
古本ファンの必携アイテム

『京都古書店案内図』
『東京南部地区古書店地図帖』

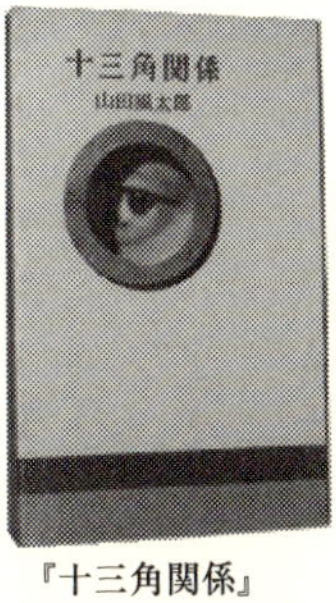

『十三角関係』
怪しいタイトルに惹かれて買った一冊。
これがきっかけで風太郎ファンに

本ではないのだが、本との出逢いという個人的感動は、そうした尺度とは別のところにある。そのほかに、〈SFマガジン〉のバックナンバーを見つけたり、読めもしないペーパーバックの山を掻きまわしたり、とぼしい軍資金のわりにはずいぶん楽しんだ。(ともかく最初の古本屋まわりで味をしめ、ボクはすっかり古本探しに取りつかれてしまったのである。

ただし、たしかに神保町にはたくさん古本屋があるが、なかには国文学専門とか社会科学系重視など、ボクにとってはまったく縁のない店もあって、全体としてはあまり馴染めないムードだった。まあ、中学生で神保町に馴染んでいたとしたら、ちょっと性格に問題があるかもしれない。いちばんの問題は、神保町の古本屋は日曜休業ということだ。さすがのボクも、中学時代からズル休みはしない(正直言うと、まったくしなかったわけではない)。

その後、吉祥寺や高円寺にも何軒かまとまって古本屋があることがわかり、何回か出かけた。国立駅周辺の古本屋を「発見」したのは、高校に入る半年ほど前である。そのころのお目あては、もっぱらSF、とくに〈SFマガジン〉のバックナンバーと、《ハヤカワSFシリーズ》だった。怪奇・幻想小説に興味を持ちはじめたのも、古本屋めぐりをするようになってからだ。このころ、〈ミステリ・マガジン〉の怪奇小説特集や、東京創元社《世界大ロマン全集》のアンソロジー『怪奇小説傑集』I・II、それから、ラヴクラフトの『暗黒の秘儀』(創土社)などを古本で買っている。創土社の本は新刊で手に入ったはずだが、もちろん古本のほうが安い。そんなふうにして、だんだん経済的理由からも古本屋を愛用するようになっていく。

高校に入学してからは、自転車通学のメリットを生かして、先に紹介した国立駅周辺古本屋パトロールが習慣になった。さらに友だちづきあいのなかから行動範囲も広がり、府中、国分寺、八王子あたりの古本屋も発見し、おりおり出かけるようになる。また、SFのファングループにも参加しはじめ、例会に出かけるときは、その近隣の古本屋をかならずのぞいた。

こうして知らず知らずのうち、病状が進行していたのである。

古本屋めぐりの仲間、Mのことなど

そのうち古本屋めぐりの友人ができた。一年のとき同じクラスになったMである。Mの家は国分寺市の国立寄りにあって、やはり自転車通学だった。下校ルートはいったん国立駅前に出て中央線をわたり、線路に沿うように国分寺にむかう。もしかすると、もっと近道があったかもしれないが、ボクと一緒のときはいつもこの道筋だった。もちろん、かならず古本屋をまわるわけである。

ほかにも仲のよい友人が何人かいたのだが、Mとは帰り道がおなじだったこともあって、つきあう時間が長くなり、とくに一緒に古本屋めぐりをするようになってからは、腐れ縁のようになってしまった。ただし、Mはボクのように通知簿に赤点がつくようなことはなかった。ヤツは文系進学だったので、高校三年の物理は選択していなかったのだ。

いま考えてみると不思議なのだが、同じような本を集めているMと、よく一緒に古本屋めぐりなどできたものだ。ふたりとも《ハヤカワSFシリーズ》を探していたし（Mはハインラインのファンだった）、じっさい谷川書店の棚の前で何度となく争奪戦を繰りひろげている。そのころ《ハヤカワS

Fシリーズ》はほとんどが絶版で、まだ文庫で再刊もされておらず、神保町や早稲田の古本屋では一冊五百円から八百円くらいはしていた。ところが谷川書店では一冊二百円から三百円という値付けで、しかも出るときは十冊、二十冊とまとまって出るのだった〔註3〕。そのなかから自分の持っていないタイトルを一瞬にとらえ、早業で棚から抜くのである。ボクとMとの競争だ。

わざわざライバルと一緒に出かけなくてもいいのだが、そのころのボクはコレクター根性よりも、友だちづきあいのほうが大切だったのだろう。そして、Mにとってみれば、同じ本を奪いあうなどというのは一種のゲームのようなものだったにちがいない。ボクが目の前で本をさらっても、それほど悔しいというそぶりを見せなかった。しかし立場が逆になるとそれではすまない。ボクは悔しいのである。コノヤロ、バカヤロと、ハラワタも煮えたぎる思いなのである（ちょっと大袈裟）。そのうえ、その感情がすぐに顔に出てしまうのだ。きっとMは「やれやれ」と思っていたことだろう。それでもMとは一度もケンカや仲たがいすることもなく、ずっと連れだって古本屋めぐりをしていた。

いま現在、古本がらみの友人は何人もいるが、Mのようなつきあい方はむずかしい。友情や信頼関係に問題があるということではなく、基本的に古本集めというのは個人的行為であり、こと目の前に古本があるとそっちに集中せざるを得ないからだ。古本屋まわりにも自分のペースがあるから、ふたりでいくとどちらかが時間を持てあまし、どちらかが急《せ》かされるようになってしまう。一軒ならともかく、何軒もまわるときはそれが累積されていく。同じ本を奪いあう心配よりも、そうしたズレのほうが問題だ。

逆に相手のペースに合わせて棚を見る時間を繰りあわせたりすると、古本屋めぐりがちっとも楽しくない。これならひとりのほうがましだということになる。じっさい、古本仲間同士で「もう懲りた、アイツとは二度と一緒に古本屋めぐりをしない」と言っているのを聞いたことがある。そんなわけで、ボクは、なにか別の用件で顔を合わせたついでに「じゃあ、このあたりの古本屋をまわってみようか」ということはあっても、古本屋まわりを目的としてわざわざ誘いあわせたりはしない。

かつてMとずっと一緒に古本屋めぐりができたのは、よほど呼吸《いき》があったのか、それともお互いに相手のことに無頓着だったか、どちらかだろう。

古本屋の棚でいろんなことを覚えた

最初は、新刊書店で手に入らない本、新刊では高くて買えない本を〝探す〟ために古本屋まわりをはじめたわけだが、ときがたつにつれて、今度は古本屋の棚から〝学ぶ〟ケースが増えてきた。つまり、いままで知らなかった本との出逢いである。前述したように、ボクがおもに探していたのはSFだった。この分野は書誌情報の整備が進んでおり〔註4〕、またSFファンの先輩からの口伝えもあり、どんな本があるか、だいたいのところはつかんでいた。

しかし、古本屋の棚を眺めていると、SF以外にもおもしろい本がありそうだ。しかも新刊で買うより、安いものがほとんど。そういうおもしろくて安い本、しかもボクにとって新発見の読書を教えてくれたのは、もっぱら谷川書店の棚なのである。

たとえばアラン・ロブ＝グリエ。まったく予備知識なしに谷川書店で見つけた『嫉妬』（白井浩司訳、新潮社、昭和三四年）が、この作家との出逢いだ。地味な装幀、薄いソフトカバーの本が、これまたすっきりしたデザインの函に入っている。こんな装幀にボクは弱いのだ。解説を立ち読みすると、実験小説のようだ。ボクは〝ふつうの小説〟にはぜんぜん興味ないが、それ以外ならジャンルを問わず、とりあえずOKである。

そうはいっても、この作品はかなり妙チクリンだった。えんえんと事物の描写ばかり続くのである。ストーリーらしいストーリーも、登場人物の心の動きも、一切なし。「こりゃ、なんじゃ」と思ったね。それまで馴染んでいた〝おもしろい〟〝つまらない〟という規準では、判定できない作品である。ロブ＝グリエ自身は、近代小説への異議申し立てという意識があったようだが、読み手であるボクはそこまで考えて読んだわけではない。退屈といえば退屈だが、それでも最後まで読ませてしまうし、その執拗な描写の裏に、ある動機が隠れているという仕掛けは、アンチミステリともいえる。この作品をもう一度読みかえしたいとは思わないが、ロブ＝グリエの別な作品を読んでみようという気にはなった。

谷川書店の棚で出逢ったのは、ロブ＝グリエだけではない。思いつくままにあげると、フランス文学ではJ・M・G・ル＝クレジオ、ミシェル・ビュトール、ラテンアメリカのアレホ・カルペンティエールとオクタヴィア・パス、ロシアではのちほど紹介するミハイル・ブルガーコフ。稲垣足穂も中学のころに新潮文庫の『一千一秒物語』を読んだきりだったが、谷川書店で『宝石を見詰める女』（潮出版社、昭和四九年）を見つけ、また読みはじめるようになった。これは《多留保集》の一冊で、まりのるうにいの装幀が素晴らしい。戦前の本では、石書房版の押川春浪や、改造社の《世界大衆文学全集》なども、この店で何冊か手に入れている。山田風太郎の新書版もだいぶ揃えた。とにかく、この店に通ったおかげで、ぐんと守備範囲が広がった。……と思っていたが、あらためてこう眺めてみるとずいぶん偏っているなあ。ま、いずれせよ、ボクの読書傾向はこの時期に決定されたのである。

谷川書店はマンガはほとんど置かないし、エロ本は皆無だ。かといって肩肘張ったところはなく、雰囲気は商店街にふつうにある古本屋。文庫本一冊百円を気楽に買っていける店である。売場面積は五〜六坪だが、とにかく品物の入れ替わりが早くて、棚の効率がいい。回転が早いのは品揃えがよく、値段が安めだからである。その秘密は、市場を通さず、客からの買い取りだけで仕入れをすることにある。きちんとした値段で仕入れて、利幅を少なくして店頭に出す。売る客も買う客も納得することで常連が定着し、本を買った人が今度は本を売りに来る。そういうサイクルが確立しているらしい。この店のオジさんの口癖は、「不思議だね。黙って座っているだけなのに、自然と本が集まってくる」。いやはや、達人のセリフではないか!

オジさんと顔見知りになると、こっそり(でもないけど)仕入れ帳を見せてくれる。しかし、じつをいうとこれはあんまり嬉しくない。だって、渋い本、珍しい本がズラリと記帳されていて、これがここ一週間くらいに買い入れたものなのだが、ほとんどがすでに売れてしまっているのだ。メニューだけ見せられて、ご馳走はなし。そりゃないよ。

こんなこともあった。例によって物理の授業をサボって谷川書店を訪れると、番台の脇、仕入れたばかりの本の山の上に、大判の美術書が乗っていた。なんの気なしに手にとると、オジさんが「その本、いま買っておいたほうがいいよ」という。その本とは、マックス・エルンストの『百頭女』（巖谷国士訳、河出書房新社、昭和四九年）。コラージュで制作された、シュールレアリスム絵物語である。その当時はすでに絶版だったと思うが、付け値は定価よりも安かった。そうはいっても、貧乏高校生にはちょっと贅沢な買い物で、昼飯を十日間くらい抜く覚悟が必要である。

しかし、オジさんの忠告に従ってよかった。『百頭女』は聞きしにまさる奇書だったし、その後、この本の古書価はあがりつづけたからだ。いま買うとしたら、昼飯十日分じゃきかない。このごろは高校生のときよりも少しはいいものを食べているのだから、おなじ一食の単位からして違う。いや、古書価うんぬんよりも、高校時代に『百頭女』というウルトラ奇天烈本に巡りあえた意味のほうが重要だ〔註5〕。昼飯十日分の栄養よりも、この本一冊分の毒のほうが、ずっと大きい。

そんなふうにして、ボクが古本屋の棚から得たものは計り知れない。そんなことといっても、授業をサボったいいわけにはなりませんが。じっさい、通知簿の赤括弧はマズいよね。しかたがないから三学期は物理の授業にもれなく出席しましたよ（ほかの授業はちょっとサボった）。しかし、しょせん性根は不良だから、大学受験はみごとに全滅。浪人したボクは、ちっとも懲りず、いっそう古本屋めぐりに精を出すことになる。

一方、ボクほど不良少年でなかったMは、現役で某私大の経済学部に合格。映画研究会に入部して、そちらの活動と麻雀に身を入れるようになった。その後はボクと一緒に古本屋めぐりをすることもなくなって、会う機会もしだいに少なくなった。

お互い大学を卒業して五年ほど経ったとき、Mから久しぶりに電話がかかってきた。引っ越すので集めた本を処分したい由。ふたりで相談し、古本屋に売るよりはと、ボクがからんでいるイベントの即売とオークションに出品することにした。Mから届いた段ボール箱を開けると、ほかの本にまじって、高校時代に競いあって買った《ハヤカワSFシリーズ》が五十冊ほど入っていた。

イベントでの売上を渡すため国分寺で待ちあわせし、ふたりで飲んだ。飲み代はMが払ってくれたが、それで売上がほとんど消えてしまった。それ以来、Mとは会っていない。

〔註1〕谷川書店のオジさんは新潟県の出身（新潟は古くから古書業界人を多く輩出している）。神田神保町で修行を積み、国立に店を出したのは昭和四十年代初頭である。

〔註2〕そのころのボクのバイブルは筒井康隆編の『SF教室』（ポプラ社、昭和四六年）。そのなかの名作ガイドにしたがい、かたっぱしから読んでいたのだが、『都市と星』だけが品切れで手に入らなかったのだ。もちろん、文庫になる前のことである。

〔註3〕その後、《ハヤカワSFシリーズ》はさらに古書価が高騰し、タイトルによっては一冊二〜三千円あるいはそれ以上という時期もあった。最近はかなり値段が落ちついてきて、ときには、新刊の文庫本を買うよりも安く入手できる。

〔註4〕とくに石原藤夫氏の偉業は特記すべきだろう。戦後の単行本に関しては、『SF図書解説総目録』でほぼ百パーセントカバーできる。この本はボクにとって中学時代からの〝座右の書〟である。最近、データがCD－ROM化された。詳しくはホームページ（http://www.fukuoka-edu.ac.jp/~kanamitu/sf/sfdb/）を参照のこと。

〔註5〕『百頭女』は現在、河出文庫で入手可能。しかし、コラージュとはいえ、画集はある程度のサイズがないと魅力が減じてしまう。できることなら、元版でご覧になることをおすすめする。もっとも、この作品を文庫に収録した版元の判断には、拍手をおくりたい。出版状況を無視してベストな状態にこだわるよりも、可能なかぎりで作品を世に送りつづけるのが、出版人のなすべきことだろう。

第2章　猟書は長い坂をのぼるようです

坂道の古本屋といえば

岡田奈々の「青春の坂道」は、歌詞のなかに古本屋が登場する珍しい青春歌謡だ。主人公の女の子は、淋しくなると坂道の古本屋を訪ねるのである。しかし、古本の山を搔きまわしたり、こづかいをはたいて珍本を買ったりするなら純粋だが、そこは若い娘のあさましいところ、古本屋で彼氏と会ったりするのだ。その彼氏というのもトンでもないヤツで、本を買わずに立ち読みしているのである。ハタキかけるぞ、オマエら。

しかし、いまどき〝坂道の古本屋〟で岡田奈々を連想するのは、かなりヒネている人だろう。そこらへんの読書好きのOL百人に、〝坂道の古本屋〟と聞けば、回答第一位は「京極堂」にちがいない。そうだね、関口君。

京極堂は、眩暈坂を登りつめたあたりにある商売気のない古本屋で、店主は中禅寺秋彦——ごぞんじの大人気ミステリ・シリーズの登場人物である。作者は京極夏彦〔註1〕。作者名と作中の店名がおなじなので、こうして紹介するときにまぎらわしい。しかも秋彦（主人公）と夏彦（作者）で、こちらも混乱しそう（じっさい、どこかの記事で「中禅寺夏彦」と誤記されているのを見たことがある）。

京極堂は専門書や漢籍など、よその古本屋が敬遠しそうなものばかり集めているうえに、主人はいつも仏頂面で本を読んでいる。とても若い娘が淋しくなって訪れたり、男女が逢引をするような雰囲気ではない。京極堂は中野区にあるらしいが、坂道ということになると、それらしいロケーションは思いあたらない。まあ、あくまでフィクションだ。

前置きが長くなったが、ボクにとって〝坂道の古本屋〟といえば、まず渋谷である。道玄坂にも古本屋はあるが、よく行ったのは宮益坂のほうだ。

高校一年のとき、星新一ファンクラブの例会が渋谷ではじまり、その仲間たちと宮益坂の古本屋をまわったのだ。ファンクラブの名称は「エヌ氏の会」といって、本拠は名古屋だったのだが、東京でも会合を持とうと呼びかけた人がいて、それがきっかけで「東京エヌ氏の会」が独立した組織として発足した。最初に集まったなかで中核メンバーになったのは、言い出しっぺのTさんと、ショートショート作家志望のOさん、その友人でイラストのうまいNさん、そしてボクの四人。ボクが最年少だったが、ほかの三人も高校二～三年生で歳が近かった。あとから入ってきた人も浪人生や大学生が多く、もちろん、みんな星さんのファンとあってそれなりにウマがあい、毎月一回の例会のあと、何人か連れだって古本屋をまわるようになったのだ。例会は土曜の午後。宮益坂の下の喫茶店で夜までダべったあと、古本屋をめざして坂をのぼるのである。

前の章で、クラスメートのMと一緒に国立駅周辺の古本屋めぐりをしていた話をしたが、エヌ氏の会の宮益坂ツアーはそれとは異なり、むしろ会員の親睦を深める行事みたいな雰囲気だった。他人を出し抜いてやろうということはなく、のんびり棚を見ながらおしゃべりしていたのである。楽しかったけれど、店としてみれば迷惑だったろうな。

ボクにとってのコレクターズ・アイテムとは

宮益坂の中腹のあたり、いまはカッコよく新築された郵便局があり、そのちょっと先が正進堂書店である。この店も十年ぐらい前に改装されて、しゃれたアンティーク調になってしまったが、以前は、店内を縦に仕切るように書架があり、奥の番台では店主がメガネを光らせているという、ごくふつうの店構えだった。品揃えも、現在でこそハードカバーの洋古書が半分を占め、豪華な美術書も揃えているが、昔はそんなこともなく、いわば典型的な〝街の古本屋〟だった。そのころに、だいぶ買い物をしている。

たとえば、小松左京『日本アパッチ族』の初版（光文社、昭和三九年）。この本は、背表紙に「奇想小説」とあるもの、「SF小説」とあるもの、二種類の初版があるが、そのときボクが見つけたのは後者である。その当時は、星新一、小松左京、筒井康隆、半村良というのが日本SF界の四天王だった。それぞれにファンクラブがあって、メンバー相互の交流も活発で、書誌情報もよく流れてきた。ボクはいわば門前の小僧状態で、それらの知識を吸収していったのだ。

もっともその当時は、読むことが一義だったので、初版本だからといって定価より高くなっている本を買う気はしなかった。この分野は、世間のバブル景気よりも十年くらい早く相場がピークを迎えており、高校生では手が届かなかったということもある。しかし、ここでいう「相場」とは、マニアと一部の専門古書店の共通了解にすぎず、たんねんに探せばそこその値段で見つけることも不可能ではなかった。それに、『日本アパッチ族』は刷り部数が多かったせいか、初版本といってもそれほど珍しくはない。

ともかく、金がなかったせいで、世間の相場やコレクターズ・アイテムといった規準とは別のところで古本を買っていたのである。筒井康隆の『日本列島七曲り』（徳間書店、昭和四六年）も、正進堂書店で見つけた本だが、この初刊本には、のちの改訂版には含まれていない短篇「社長秘書忍法帖」が収録されている。こうした〝読む〟ための本こそが、ボクにとってまず重要だった。

そのころ宮益坂界隈で買った本から

筒井康隆の本ではもう一冊、『新宿祭』（立風書房、昭和四七年）も、宮益坂の古本屋で購入してい

『日本列島七曲り』
作者が再録をこばむ作品を
わざわざ探すのがファン心理
というもの

『新宿祭 筒井康隆 初期作品集』
サイケな装幀が
“時代の気分”を伝えている

る。

正進堂書店からさらに坂をのぼり、横断歩道をわたると、青山通り沿いに中村書店、巽堂書店という二店がある。このあたりに来るともう宮益坂とは呼ばないのだろうけれど、ボクにとってはひと括りに宮益坂界隈である。この二つの店のどちらかで『新宿祭』を買ったはずだ。記憶は曖昧だが、例会の仲間たちが一緒にいたことは覚えている。「こんな本、あるんだねえ」と語りあったからだ。

カタ破りなのは、杉村篤の装幀である。本のジャケット（カバー）といえば、表表紙・裏表紙をくるむように袖が折り返されており、袖の部分は表紙の幅の半分程度。そこに作者紹介や推薦文などが書かれていたりする。しかし、『新宿祭』のジャケットは、折り返しの部分が表紙の二倍とってあり、そのままでは収まらないので、もう一度折り返されているのである。つまり、ジャケットだけを広げると、背表紙部分を挟んで、左右三面ずつ、つごう六面の表紙スペースが取れるのだ。この六面に屛風絵よろしく、サイケなイラストが施されている。その装幀を見て、「こんな本、あるんだねえ」と感嘆したわけだ〔註2〕。

いまにして思えば、六面ジャケットというアイデアは、本の装幀としては外道の部類である。しかし、インパクトは強かったし、なによりも本の内容にマッチしていた。『新宿祭』は筒井康隆の初期作品のなかから、刺激の強い、ギャグ調の作品ばかり集めているのである。こんなふうにして、ボクは読むだけの楽しみから、本の造形のおもしろさにも気づいていった。

さて、中村書店と巽堂書店をひやかしたあと、そこから歩道橋で青山通りを横断し、渋谷方向へと戻ると、もう一軒、店名は忘れてしまったが間口の広い古本屋があった。ボクが大学を卒業するころに閉店してしまったが、ここは、雑誌や文庫本から洋書まで品揃えが幅広く、宮益坂界隈ではいちばん意外性のある店だった。

この店での買い物で印象に残っているのが、〈セゾン・ド・ノンノ〉昭和五一年十二月号である。〈ノンノ〉といえば一世を風靡した女性ファッション誌だが、これはその別冊のようなものだ。特集は〝愛の絵本〟。うへっ。

むくつけき男子高校生がなんでこんなものを買ったかというと、レイ・ブラッドベリの記事が掲載されていたからである。このとき、新刊で買うのは恥ずかしいものでも、古本ならばあまり抵抗感なく買えることに気づいた（いまは新刊でも恥ずかしくはない。領収書をもらえばいいのだ）。じつをいえば、〈セゾン・ド・ノンノ〉なんて雑誌があることさえ知らなかったのだが、エヌ氏の会の仲間のひとりが教えてくれたのである。ふだん例会で話すなかで、お互いの好きな作家や興味などがわかっていた。持つべき者は同好の士です。

ブラッドベリの記事といっても、じっさいは『たんぽぽのお酒』から名場面を抜きだして、絵物語として語り直したものである。文章は立原えりか、挿絵は葉祥明。女性誌らしく、いかにもノスタルジックでセンチメンタル、さわやかなエピソードばかりを抽出している（原作にはビザールな話、残酷な話も含まれているのだけれど）。この絵物語のほか、伊藤典夫のエッセイ「『たんぽぽのお酒』とブラッドベリの世界」が、解説がわりに掲載されている。

立原えりかの絵物語そのものはメルヘン調で、ボクの期待とはだいぶズレていたが、その当時、海外のＳＦ作家が一般誌に取りあげられるなんて考えられなかったから、それだけでも貴重だった。それに、この手の雑誌は、あとになればなるほど見つけにくくなる。一年前、二年前のファッション誌なんて欲しがる人は、ほとんどいないからだ〔註3〕。

SFアンソロジーの原書を見つけたのも、おなじ古本屋である。ペイパーバックならば神保町で見なれていたけれど、これはハードカバー。アメリカ軍基地の廃棄本らしく、背表紙下部には分類票が貼りつけられ、裏表紙の見返しにはカード入れの剝がし痕があった。

こうした図書館廃棄本には、およそ古書価値はない。まるで借りられた形跡がなくとも、いかにページがパリパリで真新しくとも、古書としては「汚本」として評価されてしまうのである。とはいえ、モノが原書だと、そんな贅沢はいってられない。インターネット経由で海外の古本屋と気軽に取り引きできる現在とはちがい、その当時、原書の入手は偶然に頼るしかなかったからだ。見送ってしまえば、次に出逢う保証はない。まあ、本気で集めるとしたら、新刊は銀座のイエナや日本橋の丸善といった洋書店で注文したり、古書なら海外の専門書店と直接取り引きするという手もあるにはあった。しかし、いずれにせよ手間と金がかかり、高校生のボクには敷居が高かった〔註4〕。

現実的なやり方は、洋書の流れてくる古本屋をマークしておいて定期的にパトロールすること、そして洋書店の棚をこまめにのぞき、これといったものは新刊で買い、それ以外は在庫処分時のディスカウントを利用することだった。かんじんなのは根気である。もっとも当時のボクは原書などロクに読めなかったし、しゃかりきになって集めていたわけではない。それでも、本棚の一角に派手な表紙のペイパーバックやSF雑誌がたまっていくのは、楽しいものだった。

行く土地、行く街、古本探し

こんなふうにして、自分で古本屋をめぐりながら、またSFファンの仲間や先輩たちからの耳学問で、ボクは本集めのやり方を身につけていったわけである。しかし、宮益坂ツアーはけっきょく一年くらいしか続かなかった。例会の場所が高田馬場に移ったからだ。高田馬場といえば早稲田の古書街が近いが、いかに無頼の群とはいえ、連れだって三、四十軒からなる古本屋をウロウロする気はしなかった。かくして、ボクは単独行動で古本屋めぐりをするようになったのである。例会の前は、かならず古本屋詣《もう》でだ。

一方、渋谷のほうでは別なSF関係の例会があったので、あいかわらず宮益坂をのぼったりおりたりしており、さらに、ひとり歩きの気やすさで、行動範囲は道玄坂方面にまで広がった。そのほか、お茶の水、自由が丘、池袋などでもSFの例会があり、多いときには週三日どこかの集まりに顔を出すほどだった。もちろん、その前後には近隣の古本屋をのぞくのである。

この「出かければ古本屋」という習慣はいまだに続いていて、仕事で出かけるとき、冠婚葬祭のおり、観光旅行のときさえも、事前に近隣の古本屋をチェックしておく。会社勤めをしていたころは、泊まりがけの出張ならもちろん、社内旅行のときにも、古本屋めぐりは欠かさなかった。同僚たちがお土産で鞄をふくらませているとき、こっちは古本を詰めこんでいるのである。

〔註1〕 それにしても京極夏彦の人気はスゴい。それは古書価にもあらわれていて、デビュー作『姑獲鳥の夏』の初版本は、出版からま

だ五年ほどなのに、定価の数倍をつける古本屋もあるほどだ。もちろんシリーズのカルト的雰囲気が第一の要因だが、そのほか、①持ちこみ原稿から出版にいたったデビュー作で初版部数が少ない、②初版と重版ではテキストに異同がある、③主人公が古書店店主なので広義のビブリオ・ミステリといえる――という、コレクターズ・アイテムの条件も備わっている。

〔註2〕『新宿祭』でもうひとつ出色なのは、山田風太郎の解説「筒井康隆に脱帽」である。自作と筒井作品を比較したり、かの問題作「最高級有機質肥料」を絶賛したり、飄然として楽しい文章である。

〔註3〕ファッション誌が風俗資料として役立つ、という認識が出てきたのは比較的最近のことである。現在では、こうした雑誌をなかば専門に扱う古本屋も出現した。

〔註4〕敷居は高かったが、そこは欲で乗りこえて、アメリカのSF専門書店に何度かメイルオーダーをしたこともある。日本の洋書店では取り扱ってくれない、小出版社が発行した資料本がほしかったのだ。送金のしかたがわからず、右往左往したことを覚えている。その当時はドルも高かったしなあ。

第3章　それでもあなた、コレクターになりますか？

コレクターの道けわし

先にもふれたとおり、ボクが高校一年のとき、星新一さんのファンクラブ「東京エヌ氏の会」が発足した。言い出しっぺのTさん（当時高校二年）が会長で、ボクが代表（連絡先）という分担だった。会員募集・会計・会誌発送・例会のセッティングなど、まあ雑用係である。その代表を大学一年のときまで続けて、後輩にバトンタッチした。四年ものあいだファンクラブの代表を務めたボクだが、そのわりに星さんの著作をキチンと集めていない。

いや、単行本はすべて買い揃えてあるし、《星新一作品集》全十八巻（新潮社、昭和四九～五十年）はわざわざ愛蔵版のほうを購入した。普及版の数倍の価格だったが、一冊ずつに星さんのサインが入っており、それが魅力だった。しかし、コレクターの世界では、それくらいじゃ〝キチンと集めた〟うちに入らないのである。限定版や私家版は別にしても、全著作を初版・帯付で揃えるくらいが最低限なのだ。

もちろん、ファンとしての愛情の深さと、コレクションのレベルは別物だ。文庫本しか持っていないけれど、星さんの作品が好きでたまらないという人はたくさんいる。しかし、まがりなりにも、こうして古本エッセイを書いている人間が、それではどうもサマにならない。内心忸怩《じくじ》たるものがある。

どうしてそんなことになったのか？　ひとつに、あまり早くに星ファンになったという事情がある。ボクが星さんの作品と出逢ったのは中学一年のときだが、読みはじめるや夢中になって、手に入るかぎりの単行本を買いあさった。もちろん新刊である。作品の魅力が圧倒的だったから、そうして揃えた本を、あとになって初版本に買い替えようという欲求が湧いてこなかった。

もうひとつは、熱狂的なコレクター諸氏を目のあたりにして、これはかなわんなと思ったこと。〝かなわん〟というのは、コレクターとして彼らの上にはいけないというのもあるが、ああなったらアブないなと感じたのである。貶《けな》していっているのではない。ボクにそれだけの度量がないというだけだ。

星新一作品のナンバーワン・コレクターといえば、おそらく福岡在住のMさんだが、この人は星さんの新刊が出るたび三冊ずつ買い揃える。一冊は読むため、もう一冊は〝控え〟として書架に、もう一冊は〝保存用〟としてビニール袋で封じ特別な場所に保管して、いっさい手を触れないというのだ。

Mさんと肩を並べるのが千葉のWさん。ことに書誌的研究では第一人者で、星新一の著作リストも作成している。Wさんは星新一だけではなく、現代文学の初版本も収集しており、「古本屋で見つけた探求書を自宅に持ち帰り、一冊ずつパラフィン紙をかけるときが至福の瞬間だね」と語っていた。ボクもWさんを真似て本にパラフィン紙をかけはじめたのだが、いいかげんな性格のためか長続きしなかった。

名古屋で開催された「星ＣＯＮ」というイベントのオークションでは、星さんのご厚意により、

『人造美人』および『祖父小金井良精の記』の特装本が出品されたが、これを最後まで競りあったのはMさんとWさんだった。それぞれボクのこづかい一年分に相当するくらいの値段で落札され、参加者を驚嘆させた。

世の中に数部しかない特装本であり、しかも星新一さんが提供してくださったという由来つきである。本来は値段のつけようもないものだ。それにしたって、これはボクが手の届く次元ではない。道を極めようとする人のみ、参加する資格がある。

読書の嗜好はかなり偏っているボクだが、古本買いとしては雑食性である。星新一ファンだが、それ以前にSF全般が好きだし、さらに想像力を刺激してくれる小説ならばジャンルを問わずに興味がある。いや、小説にかぎらず、古本屋でちょっと変わった本を見つけると手を出さずにいられない。一冊の本から脇道にそれて、新しい収集分野が広がることもある。そういう興味散漫な人間にとって、ひとつの道を極めることは無理なのだ。MさんとWさんのバトルを目のあたりにして、そう実感したのである。

同じ本をまだ欲しいわけ

オークションといえばこんなこともあった。

温泉地で開かれたSFのイベントで、いくつかの部屋に分かれて企画がおこなわれ、そのひとつがオークションだった。出品のなかにはとりたてて珍本もなかったので、まなじりをけっして競り落とすよりも、古本にまつわる四方山話に花を咲かすといった、のんびりした雰囲気で進み、落札価格も相場より安いのがほとんどだった。ボクのお目あては、東都書房の二冊、つまり《東都ミステリー》の一冊として発行された今日泊亜蘭『光の塔』（昭和三七年）と、《東都ＳＦ》としてただ一冊だけ出版された眉村卓『燃える傾斜』（昭和三八年）である。ともにのちに別の出版社から再刊が出ているが、初刊本は日本ＳＦ出版の黎明期を語る資料としての意義がある。

ほかに狙っている人もいなさそうだったので、かなり安く落とせそうだという予感があった。まず『光の塔』、競り手の発声は三百円。会場から四百円、五百円とテンポよく声があがり、ボクが「六百円」とつけたところで声がとまった。これで落札というタイミングだったが、ギリギリで「千円」と声がかかる。

発声したのは、名うてのコレクターＫさんである。これは意外だった。ボクのような駆け出しならともかく、Ｋさんのような古参ファンにとって、『光の塔』は標準装備、すでに入手済みのはずだ。思わず「えっ、どうして？」と訊ねると、Ｋさんはこともなげに「千円ならもう一冊買ったっていい」。

しかたなくボクはさらに値をあげて落札したが、どうにも気持ちが収まらない。続く『燃える傾斜』もおなじようにＫさんの声がかかり、値段をあげざるをえなかった。もちろん、Ｋさんは『燃える傾斜』もすでに持っているのである。それなのにオークションの値段をあげようとしている。そのときのボクの目には、Ｋさんのやっていることはただの嫌がらせにしか映らなかった。

それにしても不思議だった。Ｋさんは歯に衣を着せぬところはあるが、面倒見のいい人物で、ボクもずいぶん世話になっていたのである。その人がなぜ、こんな意地悪をするのか。

いまにしてみれば、これはボクの甘えにすぎなかったことがわかる。Kさんのいった「千円ならもう一冊買ったっていい」というのは、偽りのない気持ちだったのだ。コレクターの心情として、「この本にはこれくらいの値段がついていてほしい」という価値規準があって、それなりに愛着のある本ならば何冊でも持っていたいという気持ちもある。Kさんはオークションの値段をいたずらに吊りあげたのではなく、彼が思う適正な値段をつけたにすぎない。

よくよく思いおこしてみると、あのオークションでボクが不機嫌だったのを察して、Kさんは手心を加えてくれていたような気がする。Kさんが思っている適正価格は、ボクの落札値よりさらに高く、本来ならばもっと競りあげるところだったのではないか。

ここらへんの機微は、コレクターでなければちょっと理解しがたいかもしれない。いくら愛着があ

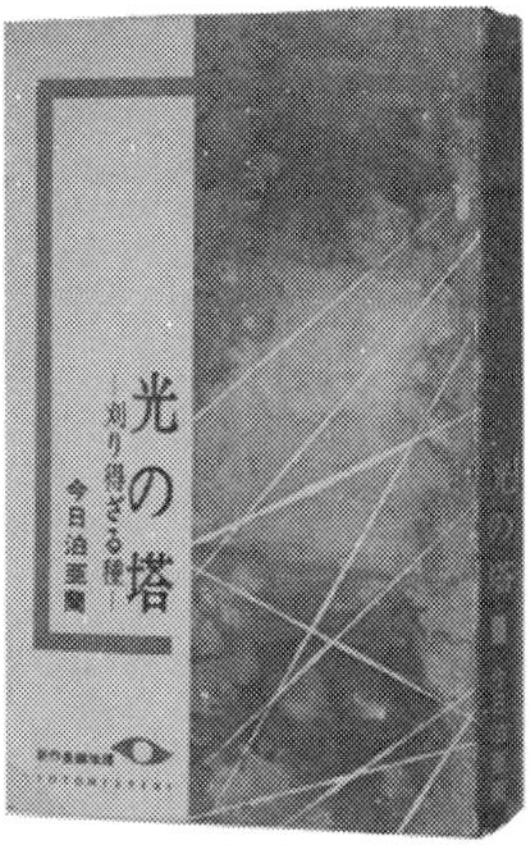

『光の塔』
日本ＳＦ初期の名作。
《東都ミステリ》のなかの一冊

『生命のふしぎ』
ぼくが所蔵している星新一著作のなかで一番のコレクターズ・アイテム

るからといって、あるいは珍本だからといって、おなじ本を二冊も持っていてどうするんだ。そう思うのがふつうだ。

もちろん、ダブった分は仲間と交換するためのストックにしたり、将来のオークションに出品してもいい。そんなふうにいつか役立つときも来るのさ――というのは表むきの説明。本当のところは、欲しい本は何冊も欲しいという、きわめて子どもっぽい感情なのである。

そう、ボクだって人のことは言えない。かのオークションでは、ようやく落札した『光の塔』と『燃える傾斜』だが、その後、古本屋で見つけるなどして、現在ではそれぞれ三冊ずつ書架に並んでいるのだから。

なぜYさんは初版にこだわるか

学校をサボるような不良だったボクは、ほかにも良くないことをしている。俗に言う「飲む・打つ・買う」だ。

まず「飲む」。これはもちろん酒で、これは母親公認であったから、まあ罪が軽い。ホントかウソか知らないが、「女の子は酒を飲ませると肌がキレイになる」という言い伝えがあり、うちの母は小学生のころから酒を飲まされていたのだ。喜寿に手が届こうという現在もいける口だから、六十年以上飲みつづけだ。その息子だからしょうがない。

順番は逆になるが、次は「買う」。これは、ご明察のとおり古本である。古本に注ぎこむから、ほかのものはなにも買えない。おかげさまで、アブない買い物をする心配がなかった。昼食代はもとより、教科書代や受験料なども、古本に化けたほどだ。カラ出張ならぬカラ受験である。

そして最後は「打つ」。これは麻雀である。しかし、賭けていなかったから罪にならない。SFファンの兄貴分のYさんが麻雀好きで、例会が終わると「あとひとり、あとひとり」といってメンツを探すのがつねだった。そのほか、麻雀を覚えたてのBさん、オカルト麻雀のSさん（本職は超常現象研究家）といったところが常連で、みんな下手の横好きだから、高校生のボクでもどうにか勝負になったのである。

雀荘で打ったこともあったが、たいていはYさんのアパートで卓を囲んだ。Yさんは近くに自宅があるにもかかわらず、置ききれない本を収めるため、そしてファン活動の拠点としてアパートを借りていたのだ。気のあった仲間とバカ話をしながら麻雀を打つのは楽しいが、ボクのお目あてはもうひとつ、Yさんの蔵書である。

Yさんはコレクターというよりも、守備範囲の広い読書家で、SFはもちろんのこと、その周辺分野、科学解説書をはじめとする知的好奇心にかかわる全般、そしてマンガまで、まさに乱読していた。そうした興味が古本の方面にもむいていて、その結果、コレクターと呼ばれるに恥じないコレクションを有していたのである。

麻雀でメンツが半端だと順番待ちになり、そのあいだ書架を眺めることができる。Yさんは面倒見のよい兄貴分で、自由に本をさわらせてくれたし、「こんな本はじめて見ました。どんな内容なんですか？」「この本、ボクが持っているのと装幀が違うけど、どっちが先の版なんだろう？」という質問にも、いちいち丁寧に答えてくれる。そのぶん麻雀のほうがおろそかになり、しょっちゅうフリこんだり、アガリそこねたりしていた。ほんとうに申し訳ないことをした。

Yさんのコレクションのうち、かなりの分量を占めるのはマンガである。新刊を購入するだけではなく古本も買う。それも、じっくり珍本を探すというのではなく、ちょっとおもしろそうなもの、気になるものを手あたりしだいに買うのである。しかし、そんなYさんにもポリシーはあった。「オレは初版しか買わないよ」と言うのだ。これはちょっと意外だった。Yさんの読書姿勢からすると、とても初版本にこだわるタイプには思えないのだが。

だが、続くYさんの言葉に、疑問は氷解した。「そうでもしないと、マンガは増えてしょうがないからね」。

なんと、Yさんが初版にこだわるのは、古書価値とか玩物趣味ではなく、数量制限のためだったのである。この発想には仰天した。そして同時に思い知ったのである。本とは放っておけば際限なく増えていくものだと。そういえば、アパートにある本は、Yさんのコレクションのほんの一角。自宅にはその数倍の本が収蔵されているはずなのだ。

一度、Yさんに「自宅のほうの本はどうなっているんですか?」と訊ねたことがある。ところが、いつも饒舌なYさんが言葉を濁して答えないのだ。そのようすに、ボクは空恐ろしさを感じた。コレクターの行く末に待ち受けているものは、けっして幸福なんかじゃない。

そうだ、本の重さで床が抜けアパートを追い出された人、ベッドや浴室、冷蔵庫まで本に占拠された人、本の山が崩れて圧死した人……そんなウワサ話がささやかれているが、あながち作り話ばかりとはいえない。

もっとも、Yさんの場合、それは杞憂《きゆう》だった。本に囲まれたまま生涯独身を貫くだろうと思われていたYさんは、いまから五年ほど前、あっさり結婚してしまったのだ。世間的には晩婚の部類だが、本集めを続けながら恋愛もまっとうしたのだから立派である。しかも高級住宅地に新居を購入し、はやばやと赤ちゃんが誕生した。コレクターにあるまじき、ハッピーライフである。きっとこれも、「初版しか買わない」という数量制限の功徳にちがいない。あとはひたすら、かわいいお子さんが本のなかに埋もれてしまわないよう祈るだけである。

函だけでもいいから

いままで紹介したコレクター諸氏は、こと本のことになると尋常ではないが、実生活ではキチンと仕事をこなす（しかもかなり有能な）社会人ばかりだ。年齢的には、ボクと一世代以上離れている。高校生のボクにとっては、社会経験的にも経済的にも、ちがった次元の存在だった。なにしろ、こちらは教科書代を使いこんだり、アルバイトをかけもちしながら、乏しいこづかいを捻出していたのだから、買える本も限られている。

しかし、これから登場するAさんは、ボクとそう歳も離れていないのに、WさんやKさんに匹敵する、名うてのコレクターだった。やはりSFの例会で知りあったのだが、そのときボクが高校二年、Aさんは浪人。彼は筒井康隆のコレクターで、入手困難な帯付き初版本など、かなりの古書価のものをためらいなく購入していた。古本屋の動向などにも詳しく、仲間から頼まれた探求書を見つけだす名人でもあり、経済力、知識、フットワーク、どれをとってもボクと同世代とは思えなかった。

そんなAさんは、しばしば古本屋で見つけた本を例会に持ちこんでは、仲間に頒《わ》けていた。〝転売〟というと印象がよくないが、仲間が探していそうな本を勘よく見つけだしてくるのだから、むしろ善意の行為だろう〔註1〕。Aさんだけではなく、Wさんも例会のたびに古本をひとかかえ持ってきたから、ちょっとした古本市である。ボクもその恩恵をだいぶ受けている。

そんな例会のあるとき、古本販売も一段落したあとのこと。ボクが会話の接ぎ穂に「そういえば、この前、筒井康隆の『東海道戦争』を見つけたよ。ハヤカワのSFシリーズ版。ちゃんと函もついているの。ちょっと珍しいでしょ」〔註2〕と言うと、とたんにAさんが身を乗りだしてきた。「函付き？　それ初版なの？　いくらした？　譲ってくれないか？　言い値でいいよ」ふだんおっとりかまえているAさんらしくもない、せかした態度である。

Aさんのこと、筒井康隆の著作ならすべて完璧な状態で網羅していると思っていたが、そうでもなかったのか。もしかすると、すでに一冊持っているのに、コレクターのならいでもう一冊欲しくなったのかもしれない。その勢いに気おされそうになったが、ボクには筒井康隆の著作という以前に《ハヤカワSFシリーズ》を揃えるという大目的があったので、Aさんの意にはそえない。するとAさんはこんなことを言いはじめた。「じゃあ、函だけでもいいよ。本体ならいつでも手に入るから。金銭がイヤならば、別な本と交換でもいい」

結局、『東海道戦争』の函だけと、スタンリイ・エリンの『特別料理』を交換することになってしまった。『特別料理』は早川書房《異色作家短篇集》の一冊で、当時はすでに新装版が出ていたのだが、ボクは函入りの旧版にこだわっていて、Aさんはこの旧版のほうを提供してくれるというのだ。《異色……》については、またあとでじっくりとふれよう。

この交換、世間の常識から考えればアンバランスというしかない。かたや函だけ、かたや函入りの書籍。しかし、Aさんは、それでOKだというのだ。それどころか、もしボクがまだシブっていたら、もう一冊つけるからと言いだしかねないようすだった。

もっともいま考えてみると、Aさんの判断はそれほどムチャというわけでもない。実際の古書市場では函だけ売るということはまずないので（皆無ではないが）、欲しいならば函付きの本体ということになる。函付き初版という条件なら、『東海道戦争』のほうが『特別料理』よりも見つかりにくい。逆に函なしの『東海道戦争』なら、Aさんレベルのマニアならすでに入手しているだろうし、新しく探すにしてもそれほど手間はかからない。

逆にボクの立場からすれば、『東海道戦争』の本体は手元に残るし、『特別料理』まで手に入るのだから、悪い話ではない。『東海道戦争』の函は珍しいといっても、正式な函、装幀としての函ではないのだから、マニア以外には無用のものだ〔註3〕。

こうして、めでたく取り引きが成立。近々、ふたりともが参加するSFのイベントがあるから、その会場で交換する段取りとなった。当日になって、函だけ運ぶのが意外に難しいこと（気をつけないと潰れてしまう）がわかってバタバタするのだが、それはまた別の話。

おりよく会場の入口でAさんを見つけ、函と本を交換する。しかしAさんが持参した『特別料理』をあらためると、月報が入っていない。あとの章でもふれるが、旧版《異色作家短篇集》の価値のひとつは月報にある。たしかにAさんと約束したときには、月報の有無まで話をしなかったが、ボクの考えでは旧版《異色作家短篇集》の初版といったら、月報はついているのが当たり前。ないのなら、その旨をはっきり言ってほしかった。

そんな頭があるものだから、「Aさん、これ月報入ってないね」という言葉に少しガッカリした響きがあったかもしれない。考えてみれば図々しい話で、函ひとつに対して、函付きの本と月報まで要求しているのである。しかし、相手もさるもの、こともなげに「ああ、月報も要るの? じゃ、こんど会うときに渡すよ」。

つまりAさんは、わざわざ月報を抜いた本を、もってきていたのだ。もとより月報の有無は条件にはなかったので約束違反ではない。うーん、海千山千のコレクターとはこういうものか。ボクは腹を立てるとか、呆れるとかではなく、すっかり感心してしまった。ボクが月報のことを言いだしたときも、「それは条件に入っていなかった」と突っぱねるのではなく、さらりと「こんど渡すよ」と受け流すあたり、役者が一枚上だ。もし、ボクが月報の存在を知らなかったなら、そのまま交換は完了していただろう。しかし、それはAさんが悪いのではなく、ボクが知識不足というだけである。

というわけで、ボクはAさんに恨みはない(後日、月報も渡してもらったし)のだが、自分自身としては、仲間どうしで本をやりとりするさいに、知っている書誌情報をなるべくオープンにするように心がけている。あとあとのこともあるし、お互いさまという気持ちがあるからだ。

そして疾風怒濤編へとつづく

さて、一章から三章まで、時系列的には前後があるが、ボクの古本修行時代（というのは大袈裟だが）、つまり高校を卒業するまでのエピソードを語ってきた。いちばん本を買って、いちばん本を読んでいたのは、じつは浪人していた一年間なのだが、それでもどうにかこうにか大学に合格し、新たな古本まみれの青春がスタートすることになる。具体的に言うと大学入学が昭和五四年。

大学の所在地が神楽坂（飯田橋）だったので、神保町や早稲田の古書店街に出やすい。絶好のロケーションだ。さらに、ボクは古本屋めぐりの強力な武器を手に入れた。

そう、通学定期券である。中央線を使って通学していたのだが、大学在学中、途中下車をしない日は一日もなかった。その話をしはじめると終わらなくなるので、今回はこのへんで。

〔註1〕　仲間うちでは「Aさんは買った値段に上乗せして売っている。これはけしからん」という非難の声もあったが、ボクは気にしなかった。安価で見つけてきたのはAさんの手柄であり、それを買い手が納得する価格で売っているのだから、なんら問題はないはずだ。Aさん側からすれば、わざわざ買ってきた本が売れ残るリスクもあるのだから、わずかばかりのマージンを責めるのは気の毒である。

〔註2〕　《ハヤカワSFシリーズ》の函は造本・装幀の一部ではなく、流通過程での汚れ防止のためのものである。版元から書店の棚に並べるまでの〝間に合わせ〟の函で、厚紙をホチキスでとめただけのペラペラのもの。函によっては、わざわざ［お手許に綺麗なままの本をお届けしたくこんな簡単な函をつくってみました。いわば包装紙がわりです。お買上げ後にはお捨てください］と注意書きが入っていたりする。そんなこともあって、函付きは比較的珍しい。ちなみに、この函は昭和四六年で廃止され、代わってビ

ニールカバーがかけられるようになった。

〔註3〕　この時点ではそう思っていたが、最近のボクは《ハヤカワSFシリーズ》の函にこだわっている。本体がコンプリートセットになったとたん、函も欲しくなったのだ。このあたりがコレクターのアサましいところである。

第2部　揃える愉快

第4章　《異色作家短篇集》は旧版にかぎる

火事になったらまっさきに持ちだす

　さて、修行時代から二十余年がすぎ、ボクは不惑を迎えたが、あいかわらず方向も定まらぬまま、気まぐれに古本を集め続けている。中学生で志した〈SFマガジン〉バックナンバーと《ハヤカワSFシリーズ》のコンプリートセットはなんとか達成したが、探求書は歳を追うごとに増える一方だ。読書とは元来、際限なく枝分かれしていくもので、一冊読めば、それに関連した本を数冊（ときには数十冊）読みたくなる。そうやって興味を持った作家なりジャンルなりの本が集まりはじめると、今度は欠けている部分が気になりだす。そんなふうに領域を広げてはそのなかを塗りつぶすという繰返しだ。とどまるところがない。

　誰が言ったか忘れてしまったが、愛書狂にもランクがあり、たとえば「書豚」とか「書狼」などの呼び名があるそうだ。だが、たしか「書熊」という表現はなかった。これはどうも解せない。憑かれたように貯めこむ姿は、まるで冬眠前のクマではないか（そんなこと言うとクマが怒るかもしれない）。

　もっとも、傍目からすれば見さかいなしに集めているようでも、クマはクマなりに愛着のあるもの、そうでもないものという区別があるのだ。まずは、このクマさんのいちばんのお気に入りから紹介することにしよう。

　こんなことは考えたくないけれど、もし家が火事になったとする。まっさきに持ちだすのは何か？　ボクの場合は、おそらく《異色作家短篇集》全十八巻（早川書房刊）だろう。古書価の高さや稀少性ということではなく、十数年かかってコツコツ集めたという想い入れが染みこんでいるからである〔註1〕。

　そうした感傷を抜きにしても、本そのものがすばらしい。SFやミステリ、怪奇小説などのジャンルを越えて、風変わりで味わいのある作品を揃えた玉手箱。また内容面ばかりではなく、姿かたちも美しい。畑農照雄の装幀による新装版もよいけれど、小ぶりでシックなデザインの旧版にはかなわない。モノトーンでまとめた丁寧なつくりの函が、いかにも秘密めいている。そのうえ、本には透明なフィルムをかけ、函にはパラフィン紙をまくという凝りよう。この体裁には編集部も自信があったらしく、第一回の月報で〔稲垣行一郎氏のフレッシュな感覚による豪華な装幀は、この異色の短篇集に全くふさわしいもので、愛蔵本としてきっとご満足いただけるでしょう〕と述べている。

　ボクがこの叢書を意識しはじめたのは、新装版の第一期六冊が刊行されたころ（昭和四九年の初秋）で、たぶん〈SFマガジン〉誌上の広告で知ったのだと思う。最初に買ったのはブラッドベリの『メランコリイの妙薬』だった。神保町の古本屋の店頭で、出たばかりの新装版を安く見つけたのだ〔註2〕。ちょうどブラッドベリにのめりこんでいて、かたっぱしから読んでいた時期である。

　新装版の《異色作家短篇集》は、第一期六冊が昭和四九年九月、第二期六冊が昭和五一年六月の発行（どちらも奥付による）で、都合十二冊となる。旧版は全十八冊だから、六冊は新装版が刊行されなかったわけだ。この六冊は、いまなおコレクターズ・アイテムといってよかろう。

旧版のうち、いちばん最初に手に入れたのは第一巻の『キス・キス』。高校時代、国立駅周辺の古本パトロールでの収穫だ。谷川書店の近くに、ほんの一時期、プレハブの雑居マーケットがあり、その一角に古本屋が入っていた。コンクリートの床の上に危なっかしく据えたスチール書架が何本か並び、そこに入りきらない本は段ボール箱に投げこまれている。そんな無造作な店だったが、ときおり安い出物があった。大光社の《ソビエトSF選集》や集英社の《ヴェルヌ全集》も、何冊かこの店で手に入れたはずだ。

その次は『特別料理』。第三章で述べたように、コレクターのAさんと交換したもの。

三冊目は『一角獣・多角獣』。中野サンプラザの古書展で見つけたのだが、これは嬉しかった。スタージョンは大好きな作家だったし、この巻は新装版が出ていないので、なんとしても手に入れたかったのだ。サンプラザでは一階のコンコースと、外の広場に売場が設営されるが、広場はふきっさらしで天候の影響をモロに受ける。その日は風の強い日で、薄いパンフレットや文庫本などは飛ばされるほどだった。旧版の《異色……》は函入りなので、さすがに風に煽《あお》られることもなかったのだが、中身をあらためようとページを開いたとたん、月報が飛ばされた。ひらひらと風に舞う月報を追いかけて、走りに走りましたよ。古本探しであれほど運動したことはない。

ボクが必死に追いかけた月報、じつは、これも《異色……》を旧版で揃える理由のひとつである。各巻わずか四ページの月報だが、執筆者の顔ぶれもじつに豪華。そして、それぞれが洒脱なエッセイであると同時に、読書ガイドとして大いに役立つのだ。

《異色……》の月報を含めたリストを掲げておく（P62参照）。これから集める人のため、新装版や文庫化の情報も付した。

四ページのアペリティフ

リストを見ていただければおわかりのとおり、第一巻から第十七巻までは作家ごとの短篇集。いずれも海外で出た単行本をもとにしているが、ブラウン『さあ、気ちがいになりなさい』、サーバー『虹をつかむ男』、エイメ『壁抜け男』は複数の短篇集から作品を選んだ日本オリジナル編集である。また、ランジュラン『蝿』とジャクスン『くじ』は原書短篇集からの部分訳。ほかは、原書の収録作品どおりの全訳だ。

最終巻の『壜づめの女房』だけがアンソロジーで、奥付や函の表記では、訳者名のかわりに「早川書房編集部編」となっている。また、ほかの巻はそれぞれの訳者のあとがきがついている〔註3〕が、『壜づめの女房』ではそれが筆者名なしの「解説」になっていて、文末に(S)とだけある。おそらく編集部の常盤新平だろう。

《異色……》は当初、巻次の順に発行していく予定だったらしいが、第十六巻の『蝿』が遅れにおくれて最終配本になった〔註4〕。この巻の月報に、常盤新平の「シリーズ完結にあたって」という一文が掲載されているのはそのためである。ちなみに常盤の肩書きは「編集長」となっている。冒頭を引用してみよう。

本シリーズもこの『蠅』をもって完結した。六巻ずつの企画で全十八巻――第一巻の『キス・キス』が出たのは一九六〇年の十二月だから、ここまで来るまでに、約五年の歳月がたっている。編集部としては、できれば三十巻ぐらいまでつづけたかったのだが、そもそもが全六巻の企画編集だったのだから、贅沢はいえない。

もともと、異色作家短篇集は、少数の読者を対象としたシリーズとして出発した。したがって、装幀のほうも、箱入りの上製本にしたけれども、ダールの『キス・キス』やエリンの『特別料理』、ブラウンの『さあ、気ちがいになりなさい』などは幸いにも版を重ねることができたし、このシリーズのファンが意外に多いことも後で知った。

海外でも評判がよかったらしく、たとえば『血は冷たく流れる』の作者ロバート・ブロックは、版元のサイモン&シャスター社を通じて、「こんなりっぱな装幀で本が出たのは、自分としては、はじめてである」などという礼状も来た。

こうした楽屋裏がうかがえたり、こぼれ話的な情報や当時の出版事情など、いろいろなものが見えてくるのも、月報の楽しさだ。

ちなみにこの月報が挟みこまれた『蠅』は、新装版が出ていない六冊のうちの一冊。ボクも入手するまでだいぶ苦労した。古本屋で何回か見かけたのだが、いずれも値段が高くてパス。古書展で夕食代くらいの値段のを見つけたときは嬉しかったねえ。

それからほどなく、デイヴィッド・クローネンバークの映画『ザ・フライ』が公開され、『蠅』も文庫化されてしまった（表題作の「蝿」が映画原作）。旧版にこだわっているボクにはどうでもいいことなのだが、やはり、なんだかおもしろくない。

イヤですねえ、身勝手なコレクターって。

《異色……》の月報に掲載された文章で目を引くといえば、まず、塔晶夫「日本の異色作家」だろう。塔晶夫といえばご存知のとおり、中井英夫がデビュー時に用いたペンネーム。塔名義で書かれた文章は数少ないが、この月報のエッセイはそのひとつである。そうした事情はさておいても、彼がこの文章のなかで提起している〔日本人だけの『異色作家短篇集』を編むとすれば、その六冊は誰と誰で埋められることだろう〕という発想がおもしろい。中井英夫は、夢野久作、小栗虫太郎、久生十蘭、摂津茂和、橘外男、大坪砂男、日影丈吉といった名前をあげながらも、〔ただそれが、現代の読者にどれほど喜んで迎えられるかとなると、これは多分に疑わしい〕とつけ加え、日本の小説風土と海外

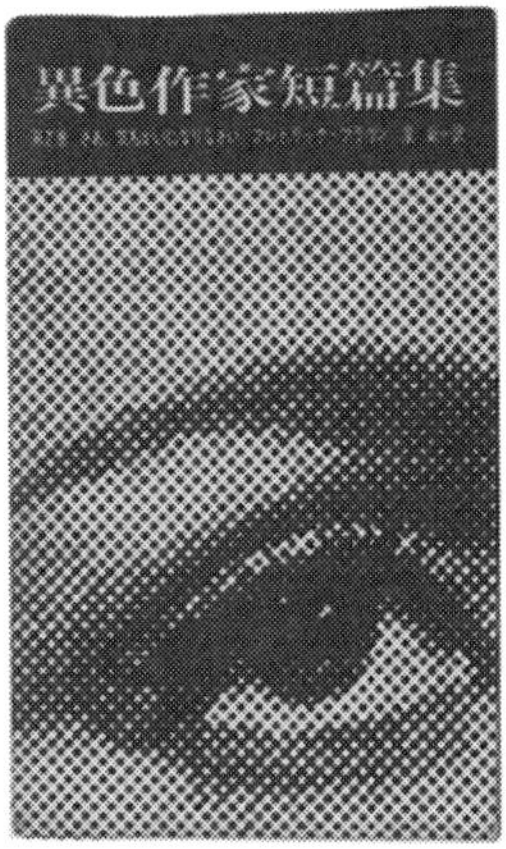

『異色作家短篇集 7
さあ、気ちがいになりなさい』（旧版）
モノトーンの装幀がカッコイイ。
“ひそかな楽しみ”といった感じ

『異色作家短篇集 3
レベル 3』（新装版）
この装幀も味わいがある

《異色作家短篇集》刊行書一覧

巻次	書名	著名	訳者	発行年月日	月報の内容	新装版
1	『キス・キス』	ロアルド・ダール	開高健	S35・12・31	「残酷な笑い」結城昌治／「ロアルド・ダールと開高健」丸谷才一	○
2	『特別料理』	スタンリイ・エリン	田中融二	S36・1・31	「機械で作れない小説」佐野洋／「知識人エリン」小笠原豊樹	○
3	『レベル3』	ジャック・フィニイ	福島正実	S36・4・15	「未知の世界」三浦朱門／「外国もののレベル」多岐川恭	○
4	『夜の旅その他の旅』	チャールズ・ボーモント	小笠原豊樹	S36・4・30	「ボーモントという男」都筑道夫／「出身校のこと」稲葉由紀	○
5	『メランコリイの妙薬』	レイ・ブラッドベリ	吉田誠一	S36・5・31	「恐怖の詩情──陰惨な快楽──」澁澤龍彥／「大好きな作家」星新一	○
6	『炎のなかの絵』	ジョン・コリア	村上啓太	S36・6・15	「遊びたいの」谷川俊太郎／「異色作家」中島河太郎	○
7	『さあ、気ちがいになりなさい』	フレドリック・ブラウン	星新一	S37・9・30	「星新一のこと」村松剛／「磨きに磨いた短剣の鋭さ」開高健	
8	『血は冷たく流れる』	ロバート・ブロック	小笠原豊樹	S37・9・30	「すぐれた語り手」樹下太郎／「警告之辞」都筑道夫	○
9	『虹をつかむ男』	ジェイムズ・サーバー	鳴海四郎	S37・10・31	「サーバー雑感」大橋吉之輔／「憂うつなユーモリスト」杉木喬	○
10	『13のショック』	リチャード・マティスン	吉田誠一	S37・11・30	「のどけき日のために」稲葉由紀／「マティスンの怖さ」結城昌治	○

11	『無限がいっぱい』	ロバート・シェクリイ	宇野利泰	S38・2・28	「旧友シェクリイ」福島正実／「最も現代的な文明批評家」安部公房	○
12	『壁抜け男』	マルセル・エイメ	中村真一郎	S38・4・15	「『異色作家』のこと」河野典生／「エイメに期待」鈴木力衛	○
13	『一角獣・多角獣』	シオドア・スタージョン	小笠原豊樹	S37・7・31	「二つの型」星新一／「シジジイとの情事」石川喬司	
14	『破局』	ダフネ・デュ・モーリア	吉田誠一	S39・8・31	「異色ということ」都筑道夫／「文学より犯罪に近い作品」生島治郎	
15	『嘲笑う男』	レイ・ラッセル	永井淳	S39・9・30	「日本の異色作家」塔晶夫／「レイ・ラッセルあれこれ」伊藤典夫	
16	『蝿』	ジョルジュ・ランジュラン	稲葉明雄	S40・10・31	「出発進行」坂上弘／「シリーズ完結にあたって」常盤新平	これのみ文庫
17	『くじ』	シャーリイ・ジャクスン	深町真理子	S39・10・31	「ハーポの死んだ夜」中原弓彦／「つい、もりの怖しさ」白岩義賢	○
18	『壜づめの女房』	ダール・他	(早川書房編集部編)	S40・8・15	「科学的空想とけもの」橋本福夫／「ダール健在なり」青木日出夫	

のそれとの比較論を展開している〔註5〕。

　日本と海外との比較というのはエッセイの切り口としてやりやすいのか、はたまたリアリズム偏重の日本文壇への反発によるものか、中井以外にも何人かがこのテーマをとりあげている。たとえば多岐川恭は『レベル3』の月報に掲載された「外国もののレベル」で、こんなふうに述べる。

作家にしろ他の畑の芸術家にしろ、日本人はなまじ器用で手早いのが禍《わざわ》いだ。だから鈍重で着実な毛唐にしてやられてしまう。作家だけではなく、作家を取り巻く世界がそうなのだ。外国崇拝みたいな文章になって私の本意ではないのだが……。

ちょうど「器用で手早い」特技を生かし、日本の高度成長がはじまった時代である。そうしたイメージを反映しての文化論なのだろうが、それにしてもダールやエリンが〝鈍重〟ってことはないでしょう。《異色……》の月報に載るにしては、それこそ〝異色〟のエッセイと言えよう。

異色作家はこうやって褒める

ところで、月報ごとに二本ずつエッセイが載り、ひとつが自由なテーマで書いてもらったもの、もうひとつが巻の作家に関するものというのが、おおよその原則らしい。作家に関するエッセイのなかでは、『嘲笑う男』の月報に掲載された、伊藤典夫「レイ・ラッセルあれこれ」が楽しい。高校生だった伊藤典夫が、SFに好意的な雑誌だと聞きつけて〈プレイボーイ〉誌を血眼になって探した、というエピソードから語りはじめていてグッとくる（ごぞんじのとおり、伊藤さんはSF好きが高じて、翻訳家になった人物である）。

はじめて見つけたときの喜びは、それを持つ手が震えていたことでもわかる。もっとも、あんな変てこな雑誌（ごめんよ！）だとは知らなかったので、中をひらいてガクゼンとした。値段はわずか四十円だったのに、買おうか買うまいか、しばらく迷ったのを覚えている。

そうそう、この興奮と戸惑い、これが古本探しの醍醐味なんですよねえ。

ここで言及されている〈プレイボーイ〉とは、もちろん本国版である。集英社から日本版が出るようになったのは最近のことだ。ボクも高校生のころ、SF目あてで〈プレイボーイ〉を買おうとして、東京泰文社〔註6〕のおじさんに「未成年なのに、そんな雑誌を買うのかい」と、たしなめられたことがある。結局、売ってくれたけれど〔註7〕。

なぜ〈プレイボーイ〉の話が「レイ・ラッセルあれこれ」になるかというと、ラッセルが〈プレイボーイ〉の編集にかんでいたからである〔註8〕。伊藤典夫は、ラッセルの編集者としての経歴、作家としての活躍ぶり、そして映画界への進出を手際よく紹介し、〔異色作家の名に恥じぬ彼だが、いったいこれからどんな異色作家になるのかひとごとながら心配である〕と結んでいる。

レイ・ラッセルは『嘲笑う男』が初の邦訳単行本だが、その後、二冊が紹介されている。ソノラマ文庫《海外シリーズ》で独自に編まれた短篇集『血の伯爵夫人』（猪俣美枝子訳、昭和六一年）と、ハヤカワ文庫NV《モダンホラー・セレクション》で訳された長篇『インキュバス』（大伴墨人訳、昭和六二年）である。この二冊だけのイメージだとまったくのホラー作家だが、未訳作品には普通小説や歴史ロマンスもある。その歴史ロマンスのほうは、オルタネイト・ヒストリー（現実とは別の方向に進んだ歴史）ものなのだそうな。うーん、まったくラッセルというヒト、どんな異色作家なのか、いまだもってよくわからない〔註9〕。

伊藤典夫は翻訳家あるいは洋書読みの視点からラッセルについて書いたが、結城昌治は作家の立場でロアルド・ダールに対するライバル心を吐露している。『キス・キス』の月報に載った「残酷な笑い」というエッセイである。

『あなたに似た人』を読んだときぼくは思わず唸り声をあげた。さんざん頭をかかえてさがしていたものを、そんなものならこっちにいくらでもあるよ、と言って見せつけられた思いがしたのだ。これは当然、唸った奴が間ぬけということにほかならない。ぼくはダールを厭な奴だと思った。無念に思った。

うまいなあ。異色作家、とりわけダールのようなシニカルで乾いた作風の作家に対し、同業者が「厭な奴」呼ばわりするのは最大級の賛辞である。ちなみに文中で言及されている『あなたに似た人』は、単行本としてはダールの日本初紹介となるもので《ハヤカワ・ミステリ》の一冊として発行された（田村隆一訳、昭和三二年）。

『夜の旅その他の旅』の月報に載った都筑道夫「ボーモントという男」も、結城のエッセイと同じ趣向である。

チャールズ・ボーモントという男は、なんとなく小癪にさわる存在である。昭和四年の生れで、子どもがふたりいて、長篇小説を一冊だけ書いていて、はじめは画家になるつもりだったそうで、それからジャズが好きで、ここまではわたしそっくりだ。似てないところは、スポーツカア・マニアで、愛用のポルシェを駆して、自動車競争に出場するのが楽しみだ、ということと、まあ、そんなところはちっとも小癪にさわりはしないが、百を数える短篇を書いていて、それがやたらとうまいというところが、いけない。

「小癪にさわる」という表現が、いかにも江戸っ子の都筑道夫らしい。それにしても、小説巧者の都筑道夫がこれだけもちあげているボーモントなのに、邦訳が『夜の旅その他の旅』のみというのは、なんとも寂しい。本国アメリカでは二冊の傑作集まで編まれている作家なんですぞ〔註10〕。そういえば《異色……》で一巻があてられている作家のなかで、邦訳書が一冊きりというのはボーモントだけ

『あなたに似た人』
ダールの日本初紹介作。
“奇妙な味”を代表する作家

『火星人記録』
現在は小笠原豊樹の名訳で読めるが、
この初訳本を懐かしむ人は多い

だ。

ボクがブラッドベリ少年団だったころ

逆に邦訳が多いといえば、ダールだろうか。しかしその大半が児童書なのでそれを別に数えると、もっとも邦訳書が多いのは、たぶんレイ・ブラッドベリだろう。ただしこれは現時点での話で、『メランコリイの妙薬』が翻訳されたころは、いまだ知られざる存在だった。元々社の《最新科学小説全集》に入った二冊――『火星人記録』（斎藤静江訳、昭和三一年）と『華氏四五一度』（南慶二訳、昭和三一年）――はすでに絶版になっており、これらを別にすればその当時入手可能な邦訳は、《ハヤカワ・ファンタジイ》（のちの《ハヤカワSFシリーズ》）に収められた『刺青の男』（小笠原豊樹訳、昭和三五年）だけである。

『メランコリイの妙薬』の月報に載った星新一「大好きな作家」も、そうした時代背景を頭において読むと、いっそう印象ぶかい。

『火星人記録』を読んだときの感銘は大きかった。この本がひとに読まれるのが惜しく、この夢をひとりで独占したく、貸本屋にかえさないばかりか、さらに本屋をまわって三冊も買ってしまったほどだ。（略）『火星人記録』は近く正確な訳名である『火星年代記』として早川書房から出るそうだが、資金が豊富なら買いしめてしまいたいが、物が本では株のようにはゆくまい。

彼の作品をもっと読みたくて、辞書を引きながらペイパーバックで読んだのが、『刺青の男』である。これもすばらしかった。訳が出ないで欲しい、と祈っていたが、これも早川から出てしまった。

すごい入れこみようだ。自分のものだけにしたいという感情は、その対象がブラッドベリだからである。いくらおもしろくても、スティーヴン・キングやマイクル・クライトンをひとりじめしようとは思わないだろう。

星は『刺青の男』を原書で読んだばかりではなく、SF同人誌〈宇宙塵〉の二五号（昭和三四年十月号）に内容紹介の記事まで書いている。未訳作品を要約して紹介するというのは、洋書読みのSFファンの習い性みたいなものであり、〈宇宙塵〉でも矢野徹や野田昌宏（当時は野田宏一郎名義）がレギュラー・コラムをもっていた。しかし、星新一がこうした紹介記事を書いたのはあとにもさきにもこれ一度きりである。

ところで、この月報の「大好きな作家」は、ボク個人にとって忘れがたいエッセイだ。第二章でブラッドベリに熱中して手に入るかぎりの翻訳を読みあさっていたという話をしたが、ちょうどそのころ〈奇想天外〉という雑誌でブラッドベリの特集が組まれた〔註11〕。この特集に川又千秋が「たそがれの国」という文章を寄せていて、〔一時ほとんど全部のSFファン達は、ブラッドベリ少年団のようなものだった。ブラッドベリを貫く季節は夏だから、僕等は夏を愛していた〕なんてやるものだから、こちらはもうイチコロ〔註12〕。すっかりブラッドベリ少年団の一員になったつもりで読んでいると、星新一のこのエッセイが紹介されていたのだ。

そのころのボクは（いまでもそうだが）ブラッドベリと同じくらい星新一も好きだったので、これは見逃せないと思った。星新一の本は手に入るかぎり揃えていたので、エッセイ集をかたっぱしからチェックしたのだけど、「大好きな作家」という文章は見つからない。ガックリきた。こういうときは、モヤモヤしていた感じが残ってしかたない。だから数年後、旧版『メランコリイの妙薬』の月報で、このエッセイを発見したときは嬉しかったね。

『メランコリイの妙薬』を見つけたのは、早稲田のA書店の棚。値段は昼食代二回分。いまから思えば安いくらいだが、当時は定価より高い古本を買う習慣がなかったから（戦前の本は別だが）、しばし逡巡《しゅんじゅん》したものだ。しかし、数年来の気がかりが氷解したことを思えば、ここは買うしかない。

このときは、すでに旧版《異色作家短篇集》も半分くらい集まっていたが、このことをきっかけに、ある程度ムリをしても、このシリーズを揃えようと決心した。迷うような値段のときは、「買わずに後悔するなら買って後悔しろ」と心のなかで唱えるのだ。

翻訳家の起用もまた〝異色〟

さて、星新一ファンにとって見のがせないエッセイが、『さあ、気ちがいになりなさい』の月報に載っている。評論家の村松剛が書いた「星新一のこと」である。前掲のリストを見ていただければおわかりのとおり、《異色……》は訳者の起用もひとひねりあり、開高健がダールを、星新一がブラウンを手がけているのだ。

村松のエッセイは、中学生時代の星新一を紹介している。ふたりはおなじ学校で、星のほうが二年先輩だったそうだ。〔そのころから星さんはいまと同じようにやさしくてニコやかな紳士であり、いまと同じようにテレ屋だった〕とある。ふたりとも射撃部に所属していたとのことだが、星新一と射撃というのはなんだか結びつかない。星新一自身のエッセイのなかにも射撃部について語ったものはなかったと思う。どんな心境で射撃部に入ったのだろう。それとも戦前・戦中は、男の子は射撃部に入るのがあたりまえだったのか。

村松の回想は少年時代の星新一を語った貴重な証言ではあるが、この巻の主役であるフレドリック・ブラウンへの言及はない。

一方、『キス・キス』の月報に掲載された丸谷才一「ロアルド・ダールと開高健」は、開高がダールを訳す意義を積極的に評価している。とりあわせの妙を讃えているわけだ。丸谷は〔開高は、現代日本の誇る最もすぐれた短篇小説作家たちのなかの一人である〕と断じたうえで、次のように言う。


そういう生まれながらの短篇小説家が、ダールを訳すのである。これは名訳ができなければ嘘だと思う。たとえば、福永武彦が『チボー家の兄弟』の第一巻『灰色のノート』を訳したら……、とか、中野重治訳のハイネの『歌の本』は、とか、さまざまの《架空の図書館》の蔵書をぼくは夢想したことがある。開高健の『キス・キス』というのは、そうした種類の《理想の書》の一つではないかしら。

うーん、この《架空の図書館》というのもいいなあ。ボクは、笠井潔訳のウンベルト・エーコとか、恩田陸訳のロレンス・ダレルとか読みたい。中島らも訳のチャールズ・ブコウスキーなんてのもおもしろそう。そういえば、ブコウスキーも「異色作家」と言えなくはない。もっとも、このヒトは作品以上に本人が異色なのだけれど。

ところで『さあ、気ちがいになりなさい』は、最後まで入手に苦労した巻だった。本そのものは、大学時代にデパートの古書展で見つけていたが、これには月報が欠けていた。ほかの十七巻が揃ったあとも、この月報だけがずっと抜けたままだった。だいぶあとになって、同人誌で知りあったSF仲間に頼んで譲ってもらうまで、画竜点睛を欠く状態がつづいていたのである。

『さあ、気ちがいになりなさい』は星新一ファンにとってもコレクターズ・アイテムであり、しかも新装版が出ていないということもあって、探している人が多い。ほかに人気が高い巻としては、先にもふれた『一角獣・多角獣』。作者のスタージョンはこのところ一部でカルト的人気が高まっている。そして《異色……》のキキメとも言えるのが、アンソロジーの『壜詰めの女房』である（「キキメ」とは業界用語で、全集などのなかでとくに見つけにくい巻のこと）。この巻を手に入れるのにも、ずいぶんと時間がかかったなあ。

心おだやかなときに読む名品の数々

『破局』の月報に載ったエッセイ「異色ということ」で都筑道夫は、〈異色というレッテルは、作品に貼るとしたら、長篇よりも短篇にふさわしいようだ〉と切り出し、デイヴィッド・イーリイの短篇「ヨット・クラブ」に言及している。〈これはもう異色短篇としか、いいようがない〉との太鼓判。さすが都筑道夫、よーくわかっていらっしゃる。しかし評価のほうは、〈ただし、この作品、前評判が高かったので、緊張しすぎたせいか、たいして感心できなかった〉と、少々きびしい。イーリイについては、本書の第十三章で取りあげます。

都筑道夫は、さらにかつて〈新青年〉で読んだ、「へぼきゅうりの秘密」や「君きみと僕ぼく」といった短篇が忘れられないと、その内容を紹介している。どちらも作者については言及がないが、資料〔註13〕を照合すると、前者がクリスティの作だということがわかった。現行の翻訳では「イーストウッド君の冒険」というタイトルで、短篇集『リスタデール卿の謎』（田村隆一訳、ハヤカワ・ミステリ文庫、昭和五六年）に収録されている。プロットは都筑の記憶とは若干くいちがっているが、たしかにトリッキイでパンチのある作品だ。

一方、「君きみと僕ぼく」のほうは、ちょっと調べてみたが所在が知れなかった。都筑の紹介によれば「すこぶるリアルな夢をみる青年の話で、現実の僕と夢の僕、現実の君と夢の君の区別がつかなくなって、大いに悩むという作品」とのこと。うーん、おもしろそう。なんとか作品を特定して読んでみたいものである。

さらに都筑は、日本の推理小説畑で〔異色としかいいようのない短篇に、特色をあらわした作家〕として、久生十蘭と大坪砂男の名をあげ、〔早川書房のこのシリーズで、異色短篇が読者に迎えられるようになった今は、ここで言葉をあらためて、編集部の諸兄にお願いいたしますが、いかがでしょう。大坪砂男は作品が少なすぎてムリだとしても、久生十蘭の傑作集はぜひ一冊、追加してもらえませんか〕と呼びかけている〔註14〕。

ところで《異色……》の月報を書いたころは、すでに作家専業だった都筑道夫だが、その前は早川書房に籍をおき、〈エラリー・クイーンズ・ミステリ・マガジン〉の編集長をつとめていた。彼は《ハヤカワ・ファンタジイ》の立ちあげにも尽力したが、そのとき二人三脚でがんばった同僚が福島正実だ。

その福島のエッセイが、『無限がいっぱい』の月報に掲載されている。題名は「旧友シェクリイ」。〈SFマガジン〉創刊時（昭和三四年）の回想記である。

あの年の夏ごろ、ぼくの頭の中は、その年末に創刊すべきSFマガジンのことで、文字通り一杯だった。

道楽が商売になるという意外なことの成行きに、どぎまぎしていたせいもあったのだが、なにしろ、たださえやれば失敗するというジンクスを負ったSFの、しかも月刊誌を出そうというのだから、よそ目にはどうかしらないが、当人のぼくは気が重かった。正直いって、面白いものを出す自負はあったが売行きについての自信はなかった。それだけに一層、インテリから少年にいたる読者のすべてにアピールするような作品を、創刊号にはぶちこまなければならない。そう思うといくら読んでも、いくら並べてもシックリと来る作品の配列ができないのだ。

それでも漸く、ブラッドベリをえらび、クラークを決め、ディックをものにし、マティスン、アシモフ、デル・リイと揃えたが、も一つ足りない。現代人の気持ちに訴えるべき駒が弱い。これでは、創刊をのばさなければならないぞと、イライラ、クヨクヨしながらのある日の帰途、国電のなかで読みはじめたのがシェクリイの『危険の報酬』だった。

面白かった。ひき入れられた。我を忘れた。（略）そして、このとき、〈これで出来た〉と思ったものだった。

編集者魂というか出版人としての気骨が伝わってくるではないか。福島正実には〈SFマガジン〉編集長時代をふりかえった『未踏の時代』（早川書房、昭和五二年）という回想録がある〔註15〕。そこに綴られた福島の生きざまは、SFファンにかぎらず出版に興味のある人間ならば、思わず引きこまれてしまう。きれいごとばかりではなく、自分の道をつらぬくためとはいえ、ここまですれば友だちをなくすよなというようなエピソードもつつみかくさず語られており、思わず手に汗握る。

ボクは反対に、なにもしないことで——つまり義理を欠くあまり——どんどん友だちをなくしている。ようするにズボラなのです。仕事やつきあいよりも、ノンビリしていたい。そんなふうだから、稲葉由紀の「のどけき日のために」というエッセイには共感した。『13のショック』の月報に載ったものである。

異色作家短篇集の第一期にひきつづき第二期の六巻が続刊されていて、また私もこの月報の原稿料で第二期を購入し、書架にならべておいて、何もすることがないときに手あたり次第に読んでやろうと楽しみにしているのだが、探偵小説を読むのと同様に、これら異色作家短篇集を読むことは一種の心的状況を予想する。「揚《あげ》雲雀名乗り出で、蝸牛《かたつむり》枝に這う」とまではいかなくてもいいが、さしあたって急迫した用向きもなく、着流しで近所の三流館へナイト・ショウを見にいくのもいいし、昼間なら草野球を見物するのもよしといった、時間の流れの静止した状況である。書架を見あげるたび、この異色作家短篇集の装幀の黒いポツポツが、やけくそなときに読むな、平和なときに読めと要求してくる。

「装幀の黒いポツポツ」というのは、函の模様のことで、なにかの印刷物に載った目の写真をぐーんと引き伸ばしたのだろう、アミ点が拡大されてポツポツに見えるのである。どの函も同じ柄で、タイトル部分の文字だけを変えている。これがなんともカッコいいのだ。それはともかく、稲葉のいうとおり、《異色……》は一篇ずつ、のんびり気のむいたときに読みたいものである。

稲葉由紀はもう一本「出身校のこと」というエッセイを書いている。こちらは、『夜の旅その他の旅』に載ったもの。稲葉の言う「出身校」とは作品の発表舞台のことである。〔この『プレイボーイ』出身の優等生では、作家のボーモント、漫画家のシルヴァースタインが双璧といえるだろう〕とマクラをふり、やおら〈プレイボーイ〉の誌面を紹介しはじめる。呼びものの「プレイメイト」をはじめ、ジョーク集、パロディのページ、TVジーヴィ〔註16〕……。

ボーモントに限らず《異色……》に収録されている作家には、〈プレイボーイ〉を出身校とするものが少なくない。ラッセルは言うにおよばずだが、ダールしかり、ブラッドベリしかり。常連作家というわけではないが、コリアやマティスンも〈プレイボーイ〉に作品を載せている。ランジュランの短篇集表題作であり、彼の出世作ともなった「蠅」は、アメリカでは最初〈プレイボーイ〉に発表された〔註17〕。

これは月報ではなく、『キス・キス』の訳者あとがきだが、開高健がダールの作品「誕生の破局」にふれて、雑誌掲載時には「すばらしいお子さん」という題名で、自分はそちらのほうがいいと思うと語っている。その初出の雑誌というのがこれまた〈プレイボーイ〉なのだが、開高は「道楽息子と訳するか」と割り註をつけている。うーん、コンセプトはあっているけど、ニュアンスがだいぶ違うなあ。

駆け足で紹介してきたけど、月報をざっと眺めただけでも、これだけ遊べるのだ。十数年かけて集めたかいがあったというものだ。

〔註1〕 じつを言うと《異色作家短篇集》十八冊に匹敵するくらい想い入れのある本がほかにもある。ためしに「火事になったらまっさきに持ちだす」本を、指折り数えてみたら百三十七冊あった。どれも愛着が深くそのなかでの順位はつけられない。もしもの場合は、好きな本に囲まれて焼死することになるだろう。

〔註2〕 ところがこの本は乱丁本であった。もう時効だろうから白状してしまうが、当時はビンボーな少年だったので、古本屋の付け値をていねいに消して早川書房にもっていき、新本と交換してもらった。……と書きながら思ったのだが、これって果たして違法なのだろうか？　出版社はどこまで乱丁・落丁の責任を負うものなのか？　ま、いずれにせよ、いまにして思えばわざわざ電車賃を

かけて版元に行くほどではない。本を換えてもらうというよりも、出版社というものを一度見てみたいというのが動機だったようだ。

〔註3〕例外はブラッドベリ『メランコリイの妙薬』で、この巻は訳者ではなく、都筑道夫が「ブラッドベリについてのノート」という解説を書いている。

〔註4〕これ以外にも、当初予定していた刊行順がずれたケースがある。第三巻『レベル3』の月報には、編集部からのコメントで〔第三回に最初、レイ・ブラッドベリを予定しておりましたが、飜訳者の都合で、ジャック・フィニイに変更したことをここで読者にお詫びします〕とある。このときは巻次を変更して配本順にあわせ、そのためブラッドベリは第五巻になった。

〔註5〕「日本の異色作家」は、のちに文学論集『ケンタウロスの嘆き』(潮出版社、昭和五〇年)に収録され、『中井英夫作品集I』(三一書房、昭和六一年)でも読める。ちなみに塔晶夫名義の『虚無への供物』は昭和三九年二月の出版。この月報の文章が発表されたのは、それから約半年後のことである。

〔註6〕東京泰文社は神田神保町にあった古本屋。洋書(とくにペイパーバック)に力を入れていて、SFファンやミステリファンのあいだではあまりにも有名だった。平成八年に惜しまれつつも閉店。このときは在庫処分のため、それまで倉庫においていた本が次々に店頭に並べられ、それを目あてにマニアが日参し、水面下で熾烈な戦いを演じた。このときは、ボクもずいぶんいい買い物をさせていただきました。ここには在りし日の植草甚一も、足繁く通ったという。SF界では野田昌宏や森優(南山宏)といった人たちが、米軍キャンプ流れのペイパーバックを漁り、コレクションの基礎をつくった。若き日の野田氏がペイパーバックの狩り場のシマ(つまり東京泰文社の棚である)を荒らされ、ムクムクのスウェーターを来た少年と対決することになったエピソードはあまりにも有名。その少年というのが、ほかならぬ伊藤典夫氏である。

SF大会の合宿だったかなにかでみんなでワイワイやっているとき、ちょうどこのおふたりが居合わせ、「もしタイムマシンがあったら、どの時代に行くか」という話題になった。

野田「昭和三十年代はじめの神保町だね。あのとき買い切れなかったSFを買い占める」

伊藤「じゃあ、オレはその一日前だ」

〔註7〕 別の古本屋でも、同じようなお説教をちょうだいしたことがある。やはり高校生のころ、かんべむさしの作品が載っている中間小説誌を買おうとしたときだ。説教をくれたのは、椎名誠のエッセイ『さらば国分寺書店のオババ』で一躍名をはせた、あのオババである。

〔註8〕 〈プレイボーイ〉の編集の内幕については、ジョー・ゴールドバーグ『プレーボーイ王国』（小鷹信光訳、早川書房、昭和四四年）がかっこうの資料であり、読み物としてもおもしろい。レイ・ラッセルについても言及がある。

〔註9〕 レイ・ラッセルは一九九九年三月十五日に他界、享年七十七歳。結局、最後まで〝得体の知れない〟（これはホメ言葉）異色作家だった。

〔註10〕 二冊の傑作集とは、*Best of Beaumont*（Bantam Books, 1982）と *Charles Beaumont:Selected Stories*（Dark Harvest, 1988）。とくに後者はボーモントの作品のほか、レイ・ブラッドベリ、リチャード・マティスン、ハーラン・エリスン、ロジャー・コーマンら十七人がボーモントにまつわる回想記を寄せるなど、充実した内容である。

〔註11〕 〈奇想天外〉昭和四九年八月号（通巻八号）。この雑誌は版元を変えて三回発行されているが、これはその第一期、盛光社（のちに、すばる書房盛光社と改称）から刊行されていたときである。ブラッドベリ作品の邦訳五篇（すべて初訳）という大盤ぶるまいも感動したが、圧倒されたのは小鷹信光「レイ・ブラッドベリ完全作品リスト」である。読んだ作品をひとつひとつチェックしたばかりか、その後、邦訳が出るたびにリストにつけ加えていった。そんなわけで、ボクの手元にある同号は書きこみでだいぶ汚れている（もちろん保存用にもう一冊キープしてあるけれど）。

〔註12〕 川又千秋というのは悪いヒトである。彼のエッセイ——とくに『夢の言葉、言葉の夢』（〈SFマガジン〉に連載、単行本は奇想天外社、昭和五六年）——に触発されて、ボリス・ヴィアンを読み、ストーンズやピンク・フロイドを聴き、古本屋で少女マンガ雑誌を買い、お酒を飲みはじめた。ボクと同世代で、こんなふうに感化を受けた人、あんがい多いんじゃないかな。

〔註13〕 資料とは、『新青年傑作選第五巻　読物・資料編』（中島河太郎編、立風書房、昭和四五年）に収められた中島河太郎「『新青年』所載作品総目録」。

〔註14〕 現在では十蘭が文庫（現代教養文庫や朝日文庫）で読め、砂男も手軽な短篇集が出ている（『天狗』、国書刊行会）。

〔註15〕『未踏の時代』は福島正実の遺著になった。もともとは〈ＳＦマガジン〉に連載したもので、途中で作者が急逝。未完のまま単行本にまとめられた。福島には同題名の『未踏の時代』という短篇集があり、こちらは《ハヤカワＳＦシリーズ》に収められている（昭和四六年）。

〔註16〕映画やテレビドラマの一場面に、勝手なセリフをつける遊び。日本でも〈面白半分〉がこれを真似た企画をやったことがある。

〔註17〕もともとは、フランスのＳＦ雑誌〈フィクシオン〉の創刊号（一九五三年十二月号）に発表されたもの。〈プレイボーイ〉での掲載は五七年六月号。その後、五八年にカート・ニューマン監督で映画化されており、邦題は『蝿男の恐怖』。これをリメイクしたのが、クローネンバーク監督の『ザ・フライ』（八六年）である。

第5章　《不思議小説》三段跳び

それでも地方の古本屋は楽しい

テレビの旅行番組などを見ていると、能天気なタレントが「ああ、自然がいっぱい。こんなところで暮らせたらシアワセ」「子どもを育てるにもサイコーの環境」なんてハシャいでいる。脳内麻薬でも出ているのか、それとも別に仕入れているのか、アンタは年中シアワセなんだろうが、その極楽遺伝子を受けついだ子どもは可哀想だ。

ボクの生まれた東京都大田区は、都会といえるほどではないが、工場や商店やらが多い地域である。もちろん自然は乏しい。しかし、そういう場所で育ったのが不幸だと思ったことはない。田舎に憧れたことも、まるでないとはいわないが、どちらがよいかと問われれば街の暮らしのほうを選んだろう。田舎はたまに行くからいいのであって、どう考えても街のほうが楽しい。

やたらと自然や田舎をありがたがるのは、いつのまにか刷りこまれた条件反射である（もちろん、ちゃんとした考えや、自分なりの嗜好をもって田舎を選ぶ人もいるし、それはボクも否定しない）。同じようなことが古本ファンのあいだにもあって、「地方の古本屋のほうが値段が安い」「思わぬ掘り出し物がある」と、本気で思っている人があんがい多い。経験則からいっても、これは幻想にすぎない。たしかに、地方の古本屋で珍しい本を安く入手したことはある。しかし、おなじようなことは都会の古本屋でもあるのであって、頻度的にはそう変わらないか、むしろ都会のほうが多いくらいだ。

地方の古本屋のほうが安いという考えのうらには、田舎はのんびりしていて商売気がない、時代の動向に疎い、という漠然とした了解があるのだろう。その了解こそ大きな誤解なのだ。この情報化時代にあって、古書価動向だって都会と地方の格差はない。いや、地方のほうがいったんつけた高値がそのままになっているので、むしろ神保町で買ったほうが安いという場合すらある。さらに買い手がつきやすい本、マニアがついているジャンルのものは中央へ中央へと流れるから、地方では品薄になって高値を呼ぶ傾向も見られる。一方、古書価の低い本で見れば、過当競争の都会のほうが、早くさばいちまえとばかり、思いきった安値をつけたりする。

とはいえ、地方の古本屋を訪れるのは、やはり楽しい。付近の町並みになじんだ店構えに、旅の空という心理が加わり、これもある種の風情である。はじめて訪れる、あるいは久しぶりに訪れるという期待感もいいものだ。その店独自の雰囲気に身をひたしながら、見なれぬ書架を経巡るのである(まあ、たいていは、そうのんびりと時間がとれず、駆け足になってしまうのだが)。そこで一冊でも探していた本が見つかれば、忘れられない想い出になる。

無人古本屋でやきもきしたこと

松本に取材に出かけた帰り、甲府で途中下車をした。駅周辺に四、五軒、それほど近くはないが、歩いてまわれる範囲に古本屋が散らばっている〔註1〕。ほどなく日が暮れて、筋を一本入ると開いている店もなく、人どおりも少ない。そんな淋しい界隈に、広い間口に薄っぺらな木の引き戸をはめた古本屋がたたずんでいる。ガラスから漏れる電灯を頼りに戸を開けたが、番台にはだれもいない。古本屋ではよくあることで、奥で食事でもしているのだろうと、ボクは棚を見はじめた。

店内をひとわたりして、最後に番台の前に積みあげてあった文庫本に目をやると、三橋一夫の『ふしぎなふしぎな物語1』（春陽堂文庫、昭和五一年）がある。三橋一夫の短篇はアンソロジーなどで何作か読んでおり、その奇妙な味、といってもダールやサキとは違い、ユーモラスで懐かしい匂いがするところが気に入っていた。春陽堂文庫に四分冊の短篇集があるのは知っていたが、なかなか見つけられずにいたのだ。掘り出し物というほど大袈裟ではないが、まあ、旅の拾いものといった感じだ。付け値も安い。

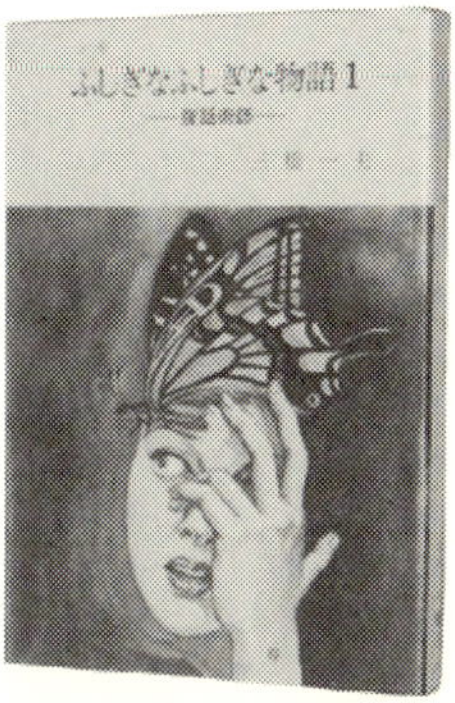

『ふしぎなふしぎな物語1』
たかだか25年ほど前の文庫本なのに、
もう見つけにくくなってしまった

『腹話術師』
どうしたわけか、ぼくは昭和30年前後
の本のたたずまいに惹かれる

いや、待てよ。番台の前に積んであった本だ。もしかすると、これから値付けをするのかもしれない。本の裏の見返しに鉛筆で書かれた値段は、もとの持ち主が別の古本屋から買ったときの値段であって、それがそのまま残っているだけではないか。そう思って、おなじ山にあったほかの本を見てみると、値付けがされているものとそうではないものがまじっている。さらに悩ましいことに、その鉛筆の筆跡が、棚に並んでいる本の付け値の筆跡とおなじようにも見えるし、違うようにも見えるのだ。

なにも悩むことはない、店の者に訊ねればいいのだ。いや、わざわざ聞かずとも、値付けがまだならむこうでそう言うだろう。値段をつけなおすにしろ、まあ、そう高いことはなかろう。×円までなら買い、それより高ければ交渉してみよう。そんなふうに考えながら、店の奥にむかって声をかけた。しかし、返事がない。何度呼んでもナシのつぶてである。

買い物にでもいっているのか。しかたなく、暇つぶしに店の棚をもう一度見わたしながら十分ほど待ってみたが、誰も戻ってこない。奥をうかがい、何度か声をかけるが、あいかわらず気配がない。いやはや困った。

いちばん簡単なのは、買うのを諦めることだ。しかし、ここで見のがすと、次にいつ巡りあうかわからない。かといって、もう待つのはごめんだ。ボヤボヤしていたら、ほかの古本屋が閉まってしまう。そもそも、店を開けたまま留守をするなど不用心ではないか。そんな、よけいな怒りまでこみあげてくる。文庫本一冊で、大のオトナがやきもきしている。

しかたなく、鉛筆の付け値を信じて代金を番台においた。そして、何かあったらイヤだから、名刺に「だれもいらっしゃらないので、代金おいていきます」と書き、代金に添える。それから数日、気持ちが片づかないままでいたが、結局、その古本屋からはなんの連絡もこなかった。

《不思議小説》は古本が似合う

三橋一夫については、現在、国書刊行会の《探偵クラブ》に収められた『勇士カリガッチ博士』で、その作風を知ることができる。同書に収録された短篇は、春陽堂文庫の『ふしぎなふしぎな物語』とも重複しているが、その多くが探偵小説誌〈新青年〉に掲載されたものだ。〈新青年〉掲載当時は《まぼろし部落》というシリーズ名が冠せられていたが、登場人物や設定が共通しているわけではない。ファンタジックでペーソスただよう独特の作風を、そう表現したのである。

〈新青年〉といえば、江戸川乱歩や横溝正史など推理小説の巨匠を輩出するなど一世を風靡した雑誌だが、戦後はその勢いも衰えるばかりだった。そんななか登場した新人が三橋一夫である。同誌は昭和二五年に廃刊となり、三橋一夫は〈新青年〉が生んだ最後の人気作家と呼ばれることになる〔註2〕。

《まぼろし部落》をはじめとする三橋一夫の幻想的短篇は、のちに《不思議小説》と銘打たれて、三分冊にまとめられている。順番に『腹話術師』『鬼の末裔』『生膽盗人』（室町書房、いずれも昭和二九年）である。この三冊に収められた作品は、すべて春陽堂『ふしぎなふしぎな物語』（1〜4）に再録されているので、この四冊さえ持っていれば不便はない。いや、それどころか、文庫版には単行本未収録の作品が数篇追加されているので、読むぶんには、こちらのほうがよいのである。

それでもオリジナル版を手にしたがるのが、書痴の書痴たるゆえん。たんに収集価値というだけではなく、《不思議小説》の持つ雰囲気が、時代がかった活版の字面、お世辞にもキレイとはいえない印刷の具合に、しっくりと合うのだ。鉄指公蔵の装幀も楽しく、〝鄙《ひな》びた〟とでも表現したくなる。惜しむらくは、三冊続けて刊行されたにもかかわらず、背表紙の書体やレイアウトを統一しそこねていることだ。本棚に並べたとき、いまひとつなのである。

ウイリアム・モリスが活字ひとつからこだわりぬいて作成したケルムスコット・プレス版を愛玩するといった、高尚なる感性はこれっぽっちも持ちあわせていないボクだが、シミが浮いた古本で《不思議小説》を読み耽る愉快は知っている。いうなればB級愛書趣味だ。

『腹話術師』はスマッシュヒットだったのか

オリジナル版の《不思議小説》はたった三冊とはいえ、おいそれとは集まらない。いや、古書目録に揃いで載ったときにエイヤと買ってしまうというテもあるが、数か月間、昼飯を立ち食いソバで我慢する覚悟が必要だ。

ボクが一冊目を手に入れたのは、SF界の大先輩であるSさんの蔵書整理を手伝ったとき。コレクションのなかにあった『腹話術師』を、「よかったら持っていきなさい」とくださったのである。ボクのことだから、よほど物欲しそうにしていたのだろう。そういえば中学生のころから、先輩や友人から古本をもらうことが多い。最近では歳下の知人までが古本をくれる。ウマに人参、パンダに笹、マキに古本である。

下賜された『腹話術師』の奥付を見ると、第二刷である。これはちょっと意外だった。増刷がかかるほど売れたのか。三橋一夫は《不思議小説》に先だって、おなじ室町書房から『力道山物語』を上梓し、これが大ベストセラーになったそうだが、そのいきおいが『腹話術師』にもおよんだのだろうか。しかし、あまりにもジャンルが違いすぎる。そんなに、うまく行くものかね。

それから数か月後、『腹話術師』の第一刷を古書展で見つけた。古本ファンならばだれもが体験していると思うのだが、長年探してなかなか見つからなかった本が一冊入手したとたん、あいだをおかずもう一冊出てくるということがしばしばある。別に超常現象というわけではなく、パターン認識とかカクテルパーティ効果とか、いろいろ説明はつけられるだろう。理屈はどうあれ、その二冊目も買ってしまうのが古本マニアの習性である。この、二冊目の『腹話術師』は目利きで鳴らすF書房の出品だが、貸本あがりなので値段は控えめ。本の価値をわかっていて、コンディションによってはグッと安値をつける。こういう古本屋は好ましい。

家に帰り、奥付をくらべて、驚いた。第一刷の発行日は「六月一五日」、第二刷は「六月二五日」。わずか十日しか違わないのだ。常識的に考えると、発売と同時に大反響ということになるが、それよりも営業的あるいは印刷工程的な事情があったのかもしれない。コレクターとして嬉しいのは、第一刷に誤植なり乱丁なりのトラブルがあり、あわてて第二刷で訂正したという筋書きだが、ざっと見たかぎりではそうした形跡はない。あーあ、残念。

コシマキで知る当時の反響

その次に《不思議小説》を見つけたのは、八王子の古本屋である。発行順でいうと第三集にあたる『生膽盗人』。嬉しいことにコシマキがついている。店もそこらへんは承知で、けっこうな値段をつけている。しかも、いかにも大切そうにビニール袋パックだ。

本を保護するのは悪いことじゃない。客のなかにはマナーをわきまえない者もいるから、古本屋にとっては自衛手段である。ただ、できることなら、奥付をコピーして外から見えるようにしておいてもらいたい。初版（ときには後版）を探している場合もあるし、発行年などを確認したいことだってある。もちろん、店員に頼んで袋を開けてもらうこともできるが、なるべく手間をかけないにこしたことはない〔註3〕。

八王子のその店は、奥付のコピーこそないが、値札のところに発行年と版次が記入されているので、最低限の目安にはなる。『生膽盗人』も「昭和二九年初版」と明記されていた。もっとも《不思議小説》に関しては、初版であろうが重版であろうが問題ではなかったのだけど。それでも購入するとなれば、中身をあらためないわけにはいかない。古本の場合、返品は原則として認められない。乱丁や甚だしい汚れならばクレームのつけようもあるが、それにしても購入時にチェックしておいたほうが、互いにイヤな思いをしなくてすむ。とくに雑誌は切り抜きがありがちなので要注意。

今回のように四十年以上前の本の場合は、ページの欠落がないか（とくに奥付）、貸本あがりではないか、書きこみの有無（ボクはあまり気にしないのだが）などをチェック。それからもうひとつ、ジャケットやコシマキが複製でないかも確かめること。最近のカラーコピーは高性能なので、上からパラフィン紙でもかけると、ちょっと目には判別がつかない。ともすれば、古書店員までが見すごしてしまい、悪意ある客が持ちこんだフェイクがそのまま販売されてしまうことさえある。

話がわき道に逸れたが、ビニール袋から出してもらった『生膽盗人』にはそんな問題はいっさいなく、めでたしめでたし。ページもほとんど黄ばんでおらず、スリップまで残っている〔註4〕。ふつうに流通したものではないかもしれない。

そんなことよりも気になるのはコシマキである。表紙にかかっている部分には〈サンデー毎日〉の書評が引用されている。もちろん『生膽盗人』そのものの書評ではなく、先に上梓された『腹話術師』か『鬼の末裔』のものだろう。〔ポウとか、ホフマンなどを連想させるが、むろん、そういったものの亜流ではなく、独自の個性をもつている〕と、ずいぶんな持ちあげようだ。

さらには、こんなふうにつづく。

また、この作者は不思議な才能に恵まれている。むろん、これまでこの種の才能が登場しなかったのではない。残念なことに怪奇小説やユーモア小説などに流されていってしまうのが常であつた。そういう伝統に抵抗するならば、文壇小説に新しい窓を開くことは疑いのないところだ。

褒めているのはわかるけど、流されるとか、伝統に抵抗するとかにかかわらず、《不思議小説》って最初から怪奇小説やユーモア小説の範疇だと思うけどなあ。そのなかでユニークな才能だと認めればいいのでは。まあ、「文壇小説」なんて言葉が意味をもっていた時代だからしかたないか。

それにしても、自分の好きな作品が、発表当時に高く評価されていたことがわかったのは嬉しい。コシマキのうち裏表紙にかかる部分には、「激賞」として、山本周五郎、吉田健一、横溝正史、十辺肇、林房雄の名前が並んでいる。

書誌的な情報を追加すると、この『生贍盗人』だけではなく、『腹話術師』と『鬼の末裔』にもコシマキがあるらしい。残念ながら、ボクはもっていませんが。

そして最後の一冊には思いがけないオマケが

残るは一冊、《不思議小説》第二集にあたる『鬼の末裔』だ。ここまで来るとぜひとも揃えたくなる。ちょっとくらいムリしてもいい。そう意気ごんでいるときにかぎって出逢わないものである。

結局、『鬼の末裔』を見つけるのに、さらに二年かかってしまった。長いといえば長いが、まあ、古本探しのスパンとしてみれば、そう悪くないかもしれない。場所は小田原の古本屋。やはり取材の帰りに立ち寄ったのである。

地方の古本屋がけっして甘くはないのは、いちばん最初に述べたとおり。この小田原の店もまたしかりだ。ようやく見つけた『鬼の末裔』は、ガラスケースのなかに鎮座ましましていた。うーん、ビニール袋ならともかく、ガラスケースとなるとさすがに抵抗感がある。ああ、貧乏人の悲しさよ。その昔、エンゲージリングを買いにいったはいいが、ガラスケースにびびって、婚約解消しようかと思いつめたくらいだ。

だが、対象が古本であれば、もうちょっと勇気が出る。指輪なんてもう一生買う気はないが、古本はまだまだ買わなければならない。これくらいで挫《くじ》けてなるものか（ちょっとオーバーか）。考えてみれば、ドーナッツ屋だってガラスケースのなかに商品を並べている。大丈夫、だいじょうぶ。

頭を冷やしてよく見れば、値段そのものは法外というわけではない（飲みにいくのを二回ほど我慢すればいいくらいだ）。それどころか、あとでわかった事実に照らせばむしろリーズナブルというべきなのだが、そんなこと、この段階では知る由もない。

店番をしていたオバさんに頼むと、あんがい気軽にケースのカギを開けてくれた。具体的な書名を告げて、「これを買いたいのだけど、中身をあらためさせてくれませんか？」と、ひやかしではありませんという態度を示したのがよかったのだろう。オバさんは「ほかに見たい本ありませんか？」と愛想がいい。

いつものように、奥付、ジャケット、本文のページ（落丁・乱丁や汚損）、そして三方の小口をチェックする。小口を見るのは、古本でいちばん汚れやすい部分であり、蔵書印やゾッキ本のしるし〔註5〕がついている場合があるからだ。すべて異常なし。まあ、多少の難があっても、ボクはそれほど気にするほうじゃない。

これで三冊揃ったとニコニコ顔で帰宅したわけだが、書架に収める前にもう一度、本をあらためてみると、見返しのところにペンで文字が書かれているではないか。肉筆の献辞だ。ボクが買ったのは、著者の三橋一夫がさる有名な大衆小説家に贈った本だったのである。

献呈本はこれまでも何冊も見つけているが、宛先の〝大物度〟では今回が最高だ（故人とはいえプライバシーに属することなので、名はふせておく）。

こんなふうに書くとただの自慢みたいだが、そうではなくって、購入する時点で、そんな大事なことに気づかなかった自分の粗忽さに呆れているのである。しかし、当の古本屋は、なぜ献呈があることを明示しておかなかったのだろう。三橋一夫のファンじゃなくとも、その大物作家のコレクターから買い手がついたかもしれないのに。あるいは、そうできなかった理由があるのだろうか。ガラスケースに入れるくらいだから、まさか気づかなかったなんてことはないだろう。もちろん、この献呈が、三橋一夫の直筆かどうかという疑問も残るわけだが。

ま、ボクには本物かどうかを追求するつもりはないし、よしんば贋物であってもかまわない。十年近くにわたってつづけてきた《不思議小説》集めのしめくくりに、ちょっとしたビックリ箱を味わえたのを、すなおに楽しむばかりだ。

〔註1〕見知らぬ土地の古本屋をまわるときに役立つのが『全国古本屋地図』（日本古書通信社。毎年、改訂版が発行される）である。ただし、掲載の地図はあまりアテにならないので、たいてい迷いまよい番地を確かめて歩くことになる。

〔註2〕厳密にいえば〈新青年〉が三橋一夫を生んだのではない。戦前にも著作があるし、《まぼろし部落》の原型になる作品もいくつか発表している。このあたりの事情は、『勇士カリガッチ博士』に付された東雅夫の解説「不思議作家の不思議人生」に詳しい。

〔註3〕まちがっても勝手にビニール袋を開けてはいけない。また、モノによっては、ビニールパックされている状態でしか販売されない類の本もあるので、くれぐれも誤解のないように（なんのことだかわかりますよね）。

〔註4〕　ここでいうスリップとは、新刊書店で購入するさいに抜かれる短冊（売上カード／注文伝票）のこと。それ自体は資料的価値はほとんどないから、その有無は古書の価値に（本来は）影響しない。コレクターのなかには、新刊書店で購入するさい、スリップまでも手に入れようと妙な策を弄する者がいるが、それこそマニアック（狂的）な所業というほかない。

〔註5〕　ゾッキ本とは、出版社が在庫処分のため古書市場に放出した本のこと。新刊と区別するために、小口にスタンプやマジックなどでしるしをつける。それほど目立たないこともあって、日本ではこうしたしるしが、古書価値に影響することはあまりない。しかし、英米ではコンディションを損なうものとして、値下げの要因となる。

第6章　《シュルレアリスム》に夢中

古本ばかり追っていた季節

　古本を集めるモチベーション・熱意はさまざまである。たとえば、先に紹介した《異色作家短篇集》は、高校生のころから内容・装幀に憧れて、薄っぺらなサイフを睨みながら（つまり付け値が高いと手が出せない）、コツコツ集めたものだ。一方、三橋一夫の《不思議物語》は社会人になってから、よしこれはぜひ古い室町書房版で読もうと、それなりに覚悟を決めて（金に糸目をつけず、とまではいかないが）探しはじめた。

　これから紹介する白水社の《小説のシュルレアリスム》も、ボクが好きな叢書のひとつだが、これを古本屋で集めるようになったのは、ひたすら経済的事情による。つまり、新刊で手に入る本を、わざわざ古本屋で探したのだ。そのころは、早く読みたいというよりも、安く買わなきゃというキビシイ現実があったのです。

　高校を卒業するまぎわから、ロブ＝グリエとかカルペンティエールといった、実験的な小説に興味がむきはじめていたこともあり、また、絵画のほうのシュルレアリズムは馴染みがあったので、この叢書にも自然と手が伸びた。野中ユリの装幀が抜群にカッコよく、一冊も読んでないときから全冊揃えたくなってしまったのだ。

現代文学の翻訳にはよくあることだが《小説のシュルレアリスム》もじつに気の長い刊行ペースで、ボクが集めはじめたころはまだ『アフリカの印象』『アルゴールの城にて』が未刊だった。つまり、刊行時にリアルタイムに接した叢書である。だから、古本エッセイで紹介するのはどうかなあという気もするのだけど、その一方で、古本屋をまわって一冊ずつ揃えた想い入れも染みこんでいる。

読めば終わりという小説ではない。資料として備えなければならないというのでもない。きわめて趣味的で、ひっそりと読むような作品たち。だから、簡単に揃えてしまうのではなく、苦労しながら自分の足で探しだしていく。わざわざそんな過程を踏むにふさわしい。まあ、一種のセンチメンタリズムだけど。

そんなわけで、この章は、新刊書を古本屋で探す例として読んでいただきたい。

最初に買ったのは『類推の山』である。例の谷川書店で、発行されて間もないのを見つけたのだ。シュルレアリスム小説なんていうと小難しくて読みにくいと思うかもしれないが、そんなことはない。たとえばダリやマグリットなどの絵は、一目見ただけでおもしろさがわかる。理屈や技法など考えないでも楽しめる。美的感性や芸術に親しむ心など、爪の垢ほども持ちあわせていないボクでもOKだ。シュルレアリスムの小説も、また同様である。

とくに『類推の山』は不思議満載冒険小説とでもいうべきで、その奇想で読者を翻弄しながらも、先へ先へと読みすすませる。めざすは、地と天を結ぶ至高の山。通常の手段では接近できず、いまだ発見されていないが、世界各地の神話・伝承のなかに姿をおとしている山。物語は「類推の山」の実在を確信するふたりの研究家の出逢いからはじまり、登山チームのメンバー選定、山への接近、危険と裏切り、異国の景観——と、まさに冒険小説の素材を備えている。まあ、ふつうの冒険小説につきものの、汗くささや男っぽさは皆無だが。そのかわり、奇天烈なアイデア、珍なる小道具、入れ子になった物語などが、たっぷりと盛りこまれている。おもしろいおもしろい。この作品は現在、河出文庫に収録されているので、ぜひご一読を。

新刊書を古本屋で探す術

ところで、こうした発行部数が比較的少ない、読者を選ぶような翻訳文学は、古本屋でもそうそう安くはならない。エンターテイメント系ならば四割～五割引きになるところが、せいぜい三割五分引き、場合によっては二割引きなんてこともある。もとの定価も高いからけっこうキビシイ。そのうえ、ひとたび絶版になると古書価が上昇する。まあ、これは需要と供給のバランスだからしかたないか。

もちろん、付け値は古本屋によって異なるから、なるべく安い店を選ぶことだ。だが、月遅れのマンガ雑誌やありふれた文庫本ばかりで商売しているような店には、こちらが求めるような本は流れてこない。そこらへんの兼ねあいを知ることが、いい本を安く買うコツだ。

たとえば、ここ数か月に出版された小説本を探すなら、神保町よりも早稲田の古書店街をまわったほうがいい。新しい文庫本ならば、吉祥寺北口に早く出る店があるが、安く探すなら荻窪や阿佐ヶ谷をまわるほうがいい。……などというのは雑駁《ざっぱく》なくくりだが、ふだんからこまめに古本屋をまわっている人ならば、もっと詳しく店ごとの特徴をとらえているはずだ。

いま書架に並んでいる《小説のシュルレアリスム》を確かめると、吉祥寺のF書店、阿佐ヶ谷のH書店、小金井のC書店、早稲田のA書店、下北沢のB堂などのシールが残っている。いずれもボクが大学時代に通いつめた古本屋であり、卒業後もずいぶん買い物をさせてもらっている。ここにあげた店は本の価値を知っているからバカ安ということはないが、それでも良心的な値付けをしている。もっとも、おなじ店でも、別なジャンル（たとえば日本作家の初版本とか、思想・社会学系とか）は高値ということもあるので、いちがいに「安い店」とは断定できないのだが。

まあ、スーパーの買い物じゃないのだから、安さばかりを追求するのもつまらない。友人のなかには、探している本を見つけてもすぐには買わず、その界隈にある古本屋をひとまわりして、おなじ本がもっと安く出ていないかを確かめるという猛者もいるが、ボクはそうまでする気はおこらない。わざわざ手間をかけても得るのはせいぜい数百円だという現実的な計算もあるが、吝嗇《りんしょく》がすぎると古本屋まわりの粋がそがれるからだ。新刊で買うことができずに古本を探している人間が「粋」なんて言うのは滑稽かもしれないが、古本屋の値踏みとこちらが期待する値段との一発勝負、これも楽しいのである。付け値が高ければ当然買わない。買い手が思っていたギリギリの値段ならば、「ムム、この店主、デキるな」と感服しながらサイフの紐をほどく。安ければもちろんバンザイである。ゲームの感覚だが、じっさいのところ勝ち負けはない。買うも買わないも、高値も安値も、おたがい納得づくだからだ。

たとえば、《小説のシュルレアリスム》ならば定価の三分の二というのが、ボクにとっての上限価格だった。これが四割引きならば、じゅうぶん嬉しい価格。それ以下ならばお買い得である〔註1〕。もちろん、これはあくまでボクが集めていた当時（二十年前くらい）の基準ですよ。現在はこの叢書も古書価があがっている〔註2〕。

あのころ買っておいてよかったなあ、と思うのは、いま古書価があがっているからではない。ゼニ勘定をするなら、物価の上昇やボクの経済的余裕などを加味すべきで、そうやって計算したらトントンだろう。よかったというのは、いちばんおもしろく思えるときに読めたということだ。世間的には若者は感性が柔軟だということになっているが、ボクの場合は若さとはバカとムチャであり、そんな時期にこそ先鋭的で常軌を逸した作品が効くのだ。その甲斐あって、いまなお、もっと風変わりな小説が読みたい、もっとイカシた（あるいはイカレた）作品が読みたいと、新刊書店と古本屋をうろつきまわっている。

湯上がりの古本屋、午睡のまえの読書

古本屋をまわって一冊ずつ探しだしたといっても、そう苦労したわけではない。戦前の本を集めているわけではなく、新刊で流通している本を探しているのだから。大学を卒業するまでに全十二冊中十冊が揃った。のこり二冊のうち一冊は『アルゴールの城にて』。この本は刊行が遅れに遅れ、その時点で発行されていなかったのだからしかたない。もう一冊は『はまむぎ』である。

大学生になってもあいかわらずの不真面目でサボれるだけサボり、四年で卒業できたのは我ながら

奇跡的だと思うくらいだが、社会に出るとさすがにそうはいかない。担当教授にネジこまれるように入社したのはソフトハウス。本社は大森だが、配属先は神奈川県の大船だった。コンクリ製の巨大観音様と、鳩サブレーで有名な、あの大船である。一挙に神保町や早稲田の古書街から遠くなり、古本との縁も薄くなってしまった〔註3〕。

いまはどうか知らないけれど、あのころのソフト開発にはマシンタイムというのがありまして、プログラムを走らせるためのコンピュータを使う時間が三十分とか一時間の単位で区切られており、そのありがたいマシン様が空く時間をずっと待っていなければならない。新入社員で要領がわからなかったこともあって、いつも割りあての時間が夜中の十二時とか二時とかになり、しかたがないから昼間は事業所の近くの旅館で寝て、夕方、銭湯に寄ってから出勤していた。旅館から銭湯までのあいだに古本屋が一軒あって、そこで『はまむぎ』を見つけたのだ。

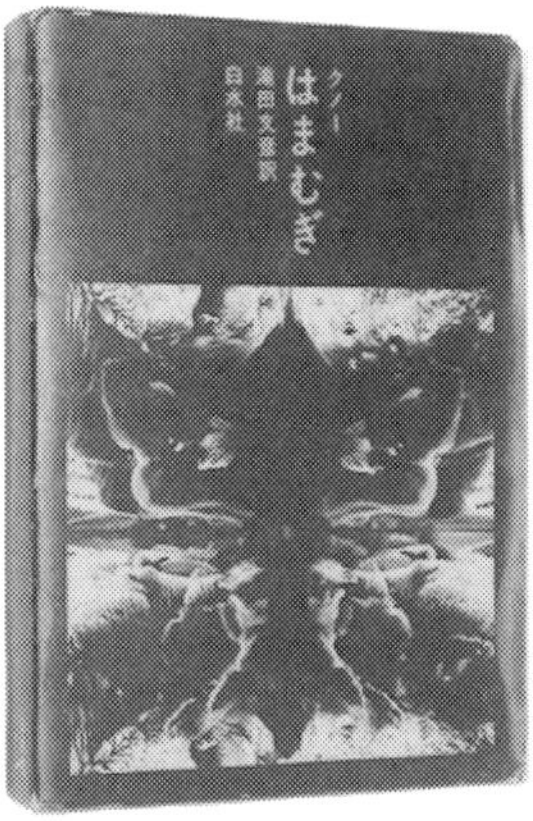

『はまむぎ』
ひそかに自分だけのものにしておきたい作品。再刊しないで！

湯上がりの手ぬぐいさげて古書探し。おっ、五七五になっているではないか。付け値はお昼の定食くらい、ボクが基準としていた「定価の三分の二以下」はゆうゆうクリアだ。

マシンタイムを挟んでの夜間シフトを終え、旅館に戻ってくるのが朝の七時。それから二時間ほど本を読み、みんなが仕事をはじめるころ床につく。馴れればそれなりに規則正しい生活で、生活リズムが外界とズレているだけにどんどん本が読めて、それなりに充実していた。『はまむぎ』もそうやって読みあげた。

これが傑作なのだ。《小説のシュルレアリスム》には、先にふれた『類推の山』をはじめ、おもしろい作品揃いなのだが（とくに愛着があるのは『超男性』『ナジャ』『ヴァニラの木』『アフリカの印象』あたり）、『はまむぎ』は一頭群を抜いていた。

作者のクノーは、この作品について「デカルトの『方法序説』を口語に訳すという意図で執筆した」とうそぶいたそうだが、あまり真に受けないほうがいい。そんなムズかしい小説じゃないのだ。いや、もしかすると深遠な意図がこめられているのかもしれないが、そんなことわからなくとも愉快に読める。

アルキメデスは風呂に浸かっているときに浮力の原理を思いつき、「ユリイカ！」と叫びながら裸で街中を走りまわったそうだが、『はまむぎ』の主人公は会社帰りにショーウインドウのなかのオモチャのアヒルを見て、自己を発見する。とはいっても、この男、アルキメデスのように冴えているわけではないので、認識が劇的に変わるのではなく、最初は平板な日常からわずかにハミだす程度だ。おなじ電車で勤め先の銀行まで通い、きまりきった業務をこなし、そして家路につく。そんな毎日のなかにアヒルが小さな穴を開けたのである。アヒルそのものが特別というわけじゃない。防水性の帽子の性能を示すため、逆さにして水が張られ、そこに二匹のアヒルが浮かんでいたというだけのことだ。些細で無意味な存在。しかし、それが男の心をちょっとだけ変えてしまう。

小さなものに宿った非日常、この不思議な象徴性。しかしオモチャのアヒルとは、なんともくだらない。この落差、このミスマッチ、このナンセンスが、レーモン・クノーの持ち味なのだ。くだらないといえば、当の銀行員もくだらない。あまりに平凡な人生。作品の冒頭では群衆のなかの影としか扱われず、ようやく名前が与えられるのは、アヒルをはじめとするいろいろなきっかけで日常を逸脱し、彼なりの存在感を得てからだ。といっても、アイデンティティの確立とか、自分探し(オエッ)などではない。たとえば、電車の窓からふと見かけたフライド・ポテトの看板が気になって途中下車してみるといった、気まぐれでちっぽけな〝冒険〟をするだけである。

登場人物はほかにもたくさんいるが、どれもこれも凡人、しかもちょっとネジが狂っている。彼らそれぞれの物語が交錯しあい、それぞれの思いこみ、カン違い、スレ違いによって、つぎつぎと妙な事件が巻き起こる。場面場面では辻褄があっているのだけど、ズレが集積して非常識な世界が描きだされていく。

そんなオカシな物語を、ボクは、外界から隔たった旅館のなかでひとり読んでいた。そして夜になると、群衆のなかの影として出勤するのである。いま考えると、生涯のなかでも妙チクリンな一時期であった。

けっきょく、その会社は一年半だけ勤めて辞めた。《小説のシュルレアリスム》の最終巻『アルゴールの城にて』が刊行されたのは、そのさらに一年後である。このときばかりは待ちきれず、すぐさま新刊書店で購入している。世間なみに新刊が買える身分になっていたのだ。

《小説のシュルレアリスム》全十二巻

『超男性』アルフレッド・ジャリ（澁澤龍彦訳、昭和五十年）
『アニセ　またはパノラマ』ルイ・アラゴン（小島輝正訳、昭和五十年）
『虐殺された詩人』ギヨーム・アポリネール（窪田般彌訳、昭和五十年）
『流れのままに』フィリップ・スーポー（片山正樹訳、昭和五十年）
『ヴァニラの木』ジョルジュ・ランブール（小佐井伸二訳、昭和五一年）
『自由か愛か！』ロベルト・デスノス（窪田般彌訳、昭和五一年）
『はまむぎ』レーモン・クノー（滝田文彦訳、昭和五一年）
『ナジャ』アンドレ・ブルトン（巖谷國士訳、昭和五一年）
『ヘリオガバルス　または戴冠せるアナーキスト』アントナン・アルトー（多田智満子訳、昭和五二年）
『類推の山』ルネ・ドーマル（巖谷國士訳、昭和五三年）
『アフリカの印象』レーモン・ルーセル（岡谷公二訳、昭和五五年）
『アルゴールの城にて』ジュリアン・グラック（安藤元雄訳、昭和六十年）

〔註1〕　こうした基準はジャンルごとに異なる。たとえば出版されて三、四か月以内のミステリやSFならば、定価の四割引きが目安。

その時期がすぎていたら四割五分から五割引き。文庫本ならば時期にかかわらず半額といったところ。もちろん、作者、出版社、自分が読みたい度合いなどによって多少の増減はある。こうした自分なりの基準値をつくっておけば、古本屋の棚の前で迷わずにすむ。

〔註2〕絶版書の古書価を見る場合、もし、おなじ本が現在出版されたら定価がいくらになるだろうか——というのが、ひとつの基準になる。《小説のシュルレアリスム》のように、大部数が期待できない内容で、ハードカバー函入り・一段組二百五十ページ程度ならば、二千五百〜三千円だろうか。あとはプレミアをどれだけ乗せて考えるか、それとも中古品として値を引いて考えるかという加減しだいである。

〔註3〕それでもアパートは学生時代から借りたままの下北沢に住みつづけていた。上司からは事業所の近くに引っ越すように言われたが、なんとかして会社と距離をおいておきたかったのである。通勤には約一時間半かかったが、世間の通勤ルートとは逆方向だったので、毎日悠々と座席にこしかけ、本を読むことができた。ちなみに古書展に出かけるために有給休暇を取りまくり、事業所長から「有休を使い果たしてしまう新入社員なんて、キミがはじめてだ」と嘆息された。

第3部　ホコリ高き楽園

第7章　北京で出版された怪談集

こんな本買ったっけ？

「この世の中でいちばん楽しい場所はどこか」と訊かれたら、少しもまよわずに自分の書庫だと答える。どんな観光地よりもどんな盛り場よりも、カビ臭くひんやりとした、この書庫のほうが楽しい。何時間いたって飽きない。家人が寝静まったあとは、ひとり書庫に入って読むともなしに本をひっぱりだしてながめている。家のまわりは町工場などあって昼は騒がしいが、夜半ともなれば通る人も少なく、ときおり国道へぬけるクルマの音がする以外はシンとしていて、古雑誌が端のほうから崩れる音まで聞こえてきそうだ。

　思えば少年時代のボクの本棚はつまらなかった。ありふれた本がわずか数百冊、しかもほとんどが読んでしまったものである。ひとつひとつの作品がつまらないというわけではない。退屈な日常生活のなかに興奮や感動を与えてくれた恩人ばかりである。しかし本棚全体でながめれば、これもまた見慣れた日常にすぎない。それにひきかえ、先輩たちの本棚はエキサイティングだった。分量もかなりなものだが、新刊ではとっくに手に入らなくなっている本、ボクなど題名しか聞いたことがないような本がズラリと並んでいるのだ。そのうえ、本棚の奥をあさると、こんな本があったのかと思うようなものまで出てくる。心底うらやましいと思ったものだ。

それから四半世紀。よくぞここまで成長したものである。ボクのことではない。本棚である。よそさまに誇れるような稀覯書《きこうしょ》や重要な文献はないけれど、どれもこれもボクの好みで選んだ本である。まだ読んでいない本も、たっぷりあるぞ（トホホ）。そのうえ、本棚の奥をあさると、こんな本があったのかと思うようなものまで出てくる。……ありゃりゃ。

なんのことはない、買ったのを忘れているのである。忙しかったかなにかでそのまま本棚に突っこみ、じっくりと取りあげてみなかった本が、何か月かぶり、何年かぶりでひょっこり出てきたというだけのこと。それを「おっ、こんな本があったんだ」と得したような気分になっているのだからマヌケである〔註1〕。忘れていたヘソクリを見つけた感じ、とでもいおうか。ヘソクリなんてしたことがないからよくわかりませんが。

唯物史観と妖怪変化

中国科学院文学研究所編『妖怪へんげを恐れぬ話』（外文出版社、一九六一年）も、そんな一冊。おそらく一、二年前に、高円寺の古書展で買った本だと思う。パラパラめくってみると挿絵に見おぼえがある。力強い描線でなかなかシブい。しかも本文と別刷りという凝りようだ。

奥付を見ると、版元の所在地が北京。つまり中国で発行された日本語の本なのだ。本文をざっとみたかぎりでは、表記・表現も活字のようすも、日本の出版物とかわりがない。拗音促音が小さな活字になっていないが、これは日本の出版物にも当時まだ残っていた。百二十円の定価がついているので、日本での販売を前提とした本だったのだろう。一九六一年（昭和三六年）といえば日中国交正常化の十一年前だが、中国の出版物はどんなルートで日本に入っていたのか。それとも何かの（政治的な？）活動の一環として特別に作成・輸入されたものなのか？　本そのものには、そうした背景を説明するものはいっさいない。ただ、巻頭に掲げられた「出版者のことば」に、〔本書におさめた物語は、北京人民文学出版社が一九六一年二月に出版した『不怕鬼的故事』（初版）から選んで翻訳したもので、序は中国科学院文学研究所所長何其芳氏が中国語版のためによせられたものです〕とあるだけだ。ちなみに訳者の名前はどこにも記載がない。

しかし『妖怪へんげを恐れぬ話』というのは、ちょっと変わったというか、ヒネった題名である。じつはこの本、たんなる怪談集ではなく、プロパガンダを狙っているのだ。

編者の「序」によれば——

もし心のなかに臆病虫が巣くい、思想が解放されていないならば、実際にはいもしない鬼神までを恐れることになろう。だが、もし自覚が高まり、迷信を打破し、思想を解放すれば、鬼神ばかりか、帝国主義、反動派、修正主義、実際に存在するあらゆる天災人禍も、マルクス・レーニン主義者にとっては、どれも恐ろしいものではなく、すべてにうちかつことのできるもの、克服できるものである。

とまあ、こんな具合。その後えんえん、昔の物語の登場人物が鬼を恐れなかったように、われわれ人民も、帝国主義や反動派を恐れずにこれを消滅させなければならないという主張が展開される。おかしいのは、収録された物語の内容紹介にからめて、いかに帝国主義に立ちむかえばいいかを示しているあたりである。

お国柄とか時代背景とかいってしまえばそれまでだし、なんでもかんでも唯物主義の正当性に結びつけてしまう態度を嗤《わら》うことは簡単だけど、もしかしたらこの「序」で述べられているのはタテマエにすぎないのでは、という気もする。ホントはこの本をつくった人たち、ただ古い怪談話が好きで、それをどんなかたちでもいいから残したかったんじゃないか。

おさめられた三十五篇はいずれも短く、『聊斎志異』から採ったものなど、日本の読者にもすでにおなじみのものも多いので〔註2〕いちいち内容は紹介しないが、ボクは怪異譚の楽しみ、フォーク

『妖怪へんげを恐れぬ話』
“チャイニーズ・ゴースト・ストーリーズ”。イラストもシブい

『不可能の公式』
こんな本もある。旧ソ連で発行された日本語のＳＦアンソロジー

ロアの芯の太さを味わいながら読んだ。ナンセンス調のものもまじっていておもしろい。どんな寓意や教訓よりも、〝笑い〟や〝恐れ〟の感情のほうが時代を超えて伝えられていくものだろう。

〔註1〕 買ったことを忘れていて、おなじ本をまた買ってしまうということはよくある。ずっと欲しくて探していてようやく見つけたという本なら、忘れるわけがない。まちがってダブってしまうのは、どうでもよいような本ばかりである。

〔註2〕 ボクは中国怪談はまったくの門外漢だし、それこそ『聊斎志異』くらいしか読んだことがないが、それでも『妖怪へんげを恐れぬ話』には、どこかで聞いた話が多く収録されている。それだけ中国怪談が日本文化のなかに入りこんでいるということだろう。

第8章　戦前の科学エッセイを楽しむ

〝宇宙線〟にはご用心

神田小川町、高円寺、五反田の古書会館は本来、業者が品物を取り引きするための施設だが、一般の人むけの古書展も開かれている。季節にもよるが、神田ではほぼ毎週の金曜・土曜、高円寺は土曜・日曜で月二、三回、五反田も土曜・日曜で月一回程度だ。どの古書展も十時開場だが、古本マニアの猛者は一時間くらい前から並んで、古書情報を交換している。古本屋をハシゴして歩くのももちろん楽しいが、こうした古書展に出かけると思わぬ収穫に出逢うことがある。本書で紹介している本も、半分くらいは古書展で手に入れたものだろう。

もっとも、毎回そう都合よく本が見つかるわけではなく、朝早くから出かけたのに釣果《ちょうか》なしということもある。そんなとき手ぶらで帰るのもシャクなので、安くて手ごろな本を二、三冊適当に選んで買ってしまう。帰りの電車でのヒマつぶしだが、心のどこかでは、どうか次回は収穫がありますように、という願かけをしているようでもある。

竹内時男『科學尖兵』（大地社、昭和十四年）も、そんなふうにして買った一冊である。値段は立ち飲みコーヒー一杯分。

著者の竹内時男は、この本の表紙に「理學博士」の肩書きがあり、書いている内容から察するところ、物理学の教授のようである。「神に亜ぐ人」というエッセイでは、波動力学の草分けシュレディンガーとも親交があったようなことを書いている。ボクが知らないだけで、名の知られた先生なのかも。

この本は四部構成になっており、第一部が「透過線」という表題で、宇宙線やX線などについて書いたものを集めている。著者は宇宙線の生物への影響を見るために、厚さ二十センチのアルミニウムの板の下で白鼠（いまでいうハツカネズミのことだろう）を飼う実験をしたという。宇宙線が金属にあたると二次放射線が出て、それが白鼠の体組織に作用する。数か月経つと、内臓が充血し、睾丸組織が破壊されることが確認されたそうだ。すでに数百匹について実験をしたと書いている。ボクは物理学は門外漢なのだが、この実験結果はホントなのだろうか？

よく身体にいいなんて言って、金製の太いネックレスとかブレスレットとかしているヒトがいるけど、じつは二次放射線が出てアブないのじゃないか？　さらにこの著者は、高い所ほど宇宙線の量が多くなるから、高山の植物は変種が多いのだと説明している。

ことの真偽はボクには判別がつかぬが、この当時、宇宙線というのはきっと科学のフロンティアだったのだろう。学術的にどうこうというのではなく、たとえば現代でクローン技術やバイオテクノロジーが注目を集めているようなのとおなじような感覚の、いわゆるトピックスである。その研究成果が産業・社会・文化に大きな影響をおよぼし、取り扱いいかんによっては非常に危険だと思われるようなもの。この本の著者はさすがに科学者だからセンセーショナルな書き方はしていないが、宇宙線の遺伝子に与える影響、放射線が生体に及ぼす作用について、読者の目をむけさせようとしている。

宇宙線に対するこの時代の関心は、おそらく当時の科学小説に反映されているはずだ。ちょうど現在、バイオスリラーやバイオホラーが全盛なのと同様に。まあ、柳の下のドジョウを百匹くらいまで狙うような猛烈な出版ビジネスは、昔はなかっただろうが。すぐに考えつくのは、大下宇陀児「宇宙線の情熱」〔註1〕（昭和十五年の発表）や、木村生死「失われた宇宙線爆弾」（発表は昭和二九年だが、舞台設定は第二次大戦中）あたり。海外の作品でもいくつか思い浮ぶが、ちゃんとした論考はまたの機会に譲りたい。まずは物理のお勉強をしなくちゃね。まあ、なんにせよ、わが家の屋根を瓦葺きにしておいてよかった。

『科學尖兵』
いさましいタイトルに時代を感じる

『我輩は電氣である』
内容はまっとうな科学解説書。
読めば勉強になります

博士はウエルズを愛読

『科學尖兵』でもうひとつの収穫は、「涯てしなき理學の夢」というエッセイに、H・G・ウエルズについての言及を見つけたことだ。〔イギリスの有名な科学小説家H・G・ウェルズの作品こそは、現代文明と平行し、時に先駆者となっている。彼の創作こそ科学者の夢と称して憚らぬものである〕と讃えている。ここで例としてあげられている作品は「星の子」——おそらく"Star Begotten: A Biological Fantasia"（一九三七年）のことだろう。この作品の邦訳は、戦前の〈科学画報〉に掲載されたものがあり、竹内博士もきっとこれで読んだのだと思われる。

『科學尖兵』での紹介文を引用してみよう。

H・G・ウェルズの「星の子」という最近の小説には、人類が宇宙線の刺激で、突然変化の第一歩を踏み出したという巷説が、プラネタリゥム・クラブから広がることが冒頭に出て来る。作用に反作用の伴わぬ異常精神の持主で、また超異端者である一箇の人間の、事も無げなる捏造が、不調和で不安なる現社会の渦中にあってひたすら心の平静を保とうとする読者層をば、巧妙に把握したのである。

文意が不明な箇所もあるが、竹内先生の関心を引いたのが宇宙線であることは、よーくわかりマス。以下えんえん宇宙線についての説明と、ネズミを使った実験成果の話である。この本に収録された記事・エッセイは、もともとあちらこちらの新聞や雑誌に発表されたものなので、内容に重複があるのだ。ネズミの話だけでも五、六回読まされる。

「涯てしなき理學の夢」では、ウエルズの作品がもう一篇紹介されている。題名は明記されていないが、内容からすると『月世界最初の人間』だろう〔註2〕。

H・G・ウェルズは幻想家である。月面の成生物が、中央の製造所で冷光液を造り、これをパイプで各戸に送り、無熱の涼しい光で夜の闇を照らすことを描いた小説がある。私はこれとおなじ螢光液照明の発明をしたことがある。特殊の螢光液というものを紫外線で照射して、極めて明るい冷たい光を出させるのである。

自分の手柄話になってしまうのは、まあご愛敬。

もう一冊の著作が見つかった

先ほども言ったように、ボクはこの本を書いた竹内時男という人物についてはなにも知らないのだが、書庫を探してみると、この人の著作がもう一冊出てきた。『我輩は電氣である』（畝傍書房、昭和十七年、岡部操との共著）という本だ。

おお、その本なら聞いたことがあるぞ、という人も多いだろう。そう、『我輩……』は、横田順彌さんが『日本SFこてん古典』で紹介されている。その題名のとおり、電子が語り手になって発電・送電の原理やら電磁気学の初歩、電化製品の仕組みをわかりやすく説いていく科学解説書だ。

ボクも横田さんの紹介によって『我輩……』を知ったクチだが、著者の名前までは気にとめていなかった。さらに古書展で現物を入手しており、中身にも目を通したにもかかわらず、竹内時男という著者名は記憶に残らなかった。「企画もの」だと思って軽く見ていたからだ（竹内先生ゴメンナサイ）。この原稿を書きはじめて、ようやく『科學尖兵』と『我輩……』がおなじ著者の筆によるものだとわかった。

とんだチョンボでお恥ずかしいのだが、古本集めをしていると、こうしたことは往々にしてある。いや、ボクが粗忽なだけか。

〔註1〕「宇宙線の情熱」の女主人公は、兎やモルモットを実験台としてアルミニウムから発生する二次線の影響を研究している。文中に〔書物で調べると、あたしの受け持った研究は、既にどこでもやっていて、殊に日本では、世界の学者に率先して、一つの立派な結果が発表されているのだった〕とある。もちろん竹内時男博士の研究のことだろう。

〔註2〕『月世界最初の人間』は、ケイバーライトという重力遮断物質をつかった宇宙船で月にいく物語。ウエルズの代表作のひとつで、戦後の翻訳は、ハヤカワSFシリーズ版（『月世界最初の人間』白木茂訳、昭和三七年）と、角川文庫版（『月世界旅行』赤坂長義訳、昭和四二年）のほか、児童むけのものが数種類ある。

第9章　この世の外の料理本

さあ、〝イカメシ〟でも食べにいこう

デュマに「稀覯本余話」という愛書家を扱ったエッセイがある。劇場で幕のあく前、ふと隣の席を見ると、ひとりの紳士が熱心に小型本に読み耽っている。好奇心にかられて声をかけたのが運のつき。じつはこれが天下の珍本であり、そうした古書事情など知らない語り手は、その紳士からたっぷり講釈を受けるはめになる〔註1〕。

その珍本とは料理の本なのだ。紳士はこう説明する。この版は一万部以上が刷られたはずだ。しかし現在は、ヨーロッパ中探しても、まず十冊と残っていない。料理の本というのは、台所の混乱のなかで行方不明になったり、ゴミに紛れてしまうのだ。それが稀覯本たるゆえんだ。

もちろん料理本ならなんでも珍本というわけではなく、紳士が持っていた本は十七世紀に名工によって刷られたという経緯がある。それはそれとして、使われる本こそ散逸消滅していくのは、確かにひとつの真実である。ボクは十七世紀の本など縁がないが、以前、ペイパーバックのプライスガイド〔註2〕をめくっていたら、クロスワードパズルの本に意外な高値がついていたのでビックリした。使い捨てされるものなので、現物が残っていないわけだ。

おなじプライスガイドでなかなかの値段がついていたのが、アン・マキャフリイ編の *Cooking Out of This World* (Ballantine Books, 1973)。タイトルから察せられるとおり、これも料理の本である。といっても、今晩のおかずをどうしようかしらとか、ホームパーティのメニューは何がいいかなとか、そういうときに便利な本というわけではない（使えなくはないが）。

執筆しているのはSF作家たち。それぞれが自慢のレシピを紹介しているのである。それでCooking Out of This World というわけだ。『異界の料理』とでも訳せばいいか。略して〝イカメシ〟。

ボクの手元にある本は、十年ほど前、SFの先輩から譲り受けたものだ。表紙を見ると、右肩、定価の横に「very original」とある。ペイパーバックで「original」とあれば、もともとハードカバーで出たのを再刊したのではありませんよ、これが初刊なんですよという意味だ。だが、この本の場合、そういう意味のオリジナルだけではなく、これは珍品・新企画ですよというニュアンスで「very」をつけ加えているのだろう。

『異界の料理』とはいっても、エイリアンのための料理とか、宇宙食を紹介しているわけではない。いい、いや、ほとんどが人類のためのレシピである。

まあ、ラリイ・ニーヴンの「ドライ・マティーニ」のように、あまりお薦めできないものもあるが。ドライ・マティーニは、ジンに微量のヴェルモットを加えて作るのがふつうだが、ニーヴン流は、まずエチル・アルコールにナトリウムを入れる。そこに水をそそぐと、火花が飛んで、さらにアルコールが生成される。そのあとヴェルモットを垂らすと、ちょっと変わった香りのドライ・マティーニのできあがり。

〝人を食った〟レシピ集

ニーヴンのレシピを見ていたら、大学の後輩たちが文化祭で出店していた怪しげなバーを想い出した。シェイカーやティースプーンの代わりに、ビーカーやメスシリンダーでカクテルを作るのである。詳しいことはわからないが、原料も酒屋で仕入れたものだけではなく、研究室からくすねてきた試薬があったらしい。おかしな色のついた混合液をガラス棒でかき混ぜ、氷のかわりに液体窒素をそそいで冷やし、客に出すのだ。さすがのボクも呆れて、そんなことしていたら保健所が来るぞと言ったのだが、連中は「実験用の製氷器から持ってきた氷より、液体窒素を使ったほうが清潔です」と涼しい顔。そういう問題かい。

しかし世の中には悪趣味な人はいるもので、そんなケミカル・カクテルなんて目じゃない、もっと

『COOKING OUT OF THIS WORLD』
ＳＦ料理本の嚆矢。思わず試してみたくなるレシピは……あまりない

『PLOTS & PANS』
米ミステリ作家協会編。
日本の推理作家協会でもこんな本を作ってほしい

不謹慎なレシピ集が出版されている。カール・ヴュルフの *To Serve Man* (Owlswick Press, 1976) だ〔註3〕。

あなたが熱心なSFファンならば、デーモン・ナイトの「人類供応法のしおり」という短篇〔註4〕を覚えているかもしれない。その原題が“To Serve Man”だった。読んでいない人には作品のオチを割ってもうしわけないのだが、これは「人類に仕える」と「人を供する」というふたつの意味にとれる。

やけに愛想のいい異星人が地球にやってきて、人類にいろいろ親切にしてくれるのだが、じつは……という話である。

もう、おわかりだろう。この作品にちなんだ題名の To Serve Man は、人肉料理のレパートリーを集めているのである。献辞は、もちろんデーモン・ナイトに捧げられている。どんなレシピが載っているかというと、Man-Loaf とか Minceman とか Person Kebab……。最後のやつなど、日本語にしても「ひとカバブ」と語呂がいい。エスニック編では、Texas Chili with Cowboy や Person Stroganoff なんてのもある。

もっともレシピを読んでいるかぎりは、ぜんぜん残酷でもグロテスクでもない。ほとんどがふつうの料理法で、ご家庭でもいかがですか、という感じ。

つけくわえるとしたら、人間一体分は家庭ではさばききれないから、あらかじめ切りわけたものを求めましょうということくらいか。

キングはパン焼きでリラックス

SFがらみの料理本としては、そのほかイギリスのSFファンたちが作った *There Are Never Enough Mushrooms* (Beccon, 1985)や、SF賞の基金集めの一環として編まれた *Berkery Men Don't See Cookbook* (SF3, 1991)、マキャフリイが新しく編んだ *Serve It Forth* (Warner Books, 1996) などがあるが、とくにSF作品にからむレシピが紹介されているわけではない。地球上の食材を使った、人類の舌にあう料理ばかり。まあ、ムリにこじつけて食べられないものを作ってもしかたない。

作品のなかに料理が登場する小説といえば、SFよりもむしろミステリだろう。そういえば名探偵のなかには美食家・健啖家も少なくない。そうした伝統によるものか、ウェブ夫妻の編集による *Plots & Pans* (Wynwood Press, 1989) は、アメリカ・ミステリ作家協会の会員がレシピを提供した料理本だが、しっかりとしたハードカバーである。ボクはアメリカの古本屋からメイルオーダーで買ったけれど、もしかするとまだ新刊で入手可能かもしれない。

先に紹介した *Cooking Out of This World* は、作家のアルファベット順に料理が掲載されていたが、この本は「スープ」「サンドイッチ」「シーフード」「肉」「デザート」というふうに、料理のカテゴリー別の構成になっており、ずっと実用性が高い。

もっともレシピ提供者の顔ぶれをみると、ボクが現代ミステリに不案内なせいもあるが、あまり知った名前がない。大御所ではアイラ・レヴィン。ただし、レシピの紹介はなく、「料理はしません。私がするのはせいぜい解凍で、その方法はパッケージの裏側に書いてある」というコメントだけ。スティーヴン・キングのレシピは「基礎的ブレッド」。パンを焼くのは、彼のリラックス法のひとつだそうな。奥さんのタビサ・キングは「お手軽・ナシをチン」を紹介。ナシの皮を剝き、カレー粉を振りかけ、電子レンジで調理するだけの簡単料理だ。ローカロリーのデザートで、朝食にもどうぞ、とのこと。

ボクの好きな異色作家系では、ロバート・ブロックが「ブイヤベース・ア・ラ・ブロック」を、ロアルド・ダールが「パラダイス風カニ料理」を紹介。どちらも高級な食材をふんだんに使った一品である。作品は〝奇妙な味〟だが、料理は豪華美味ですなあ。

スタンリイ・エリンはレシピではなく、いにしえのミステリ作家協会の会合についてのエッセイで参加(再録)。エリンは一九八六年、つまり *Plots & Pans* が編まれるより前に他界しており、このエッセイは編者が選んだのだろう。しかし、内容的にはあまり料理と関係がない。この作家には「特別料理」という傑作があるじゃないか、とボクなどは思うのだが、さすがにふつうの料理本にこの短篇を載せるわけにはいかないか。食欲をなくす人もいるだろうし。

〔註1〕このエッセイは、生田耕作編訳『愛書狂』(白水社、昭和五五年)に収録。ちなみに、作中で古書知識を披瀝する紳士は、幻想小説家シャルル・ノディエがモデルだという。

〔註2〕ペイパーバックの古書市場が確立しており、アマチュア出版ではあるが専門の雑誌も数誌ある。〝ヴィンテージ(年代もの)・ペイパーバック〟なんて表現も、すっかり定着したようだ。

〔註3〕これはボクが、アメリカのSF専門書店にメイルオーダーしはじめたころに買ったうちの一冊。こうしたアマチュア出版に毛の

生えたようなもの（それでもＩＳＢＮはちゃんと入っている）は、日本の洋書店にはまず入荷しない。

〔註４〕 ポール＆グリーンバーグ＆オランダー編『ギャラクシー（上）』（創元ＳＦ文庫、昭和六三年）に収録。

第10章　ヴェルヌとともに世界一周

絵解き版『八十日間世界一周』

たとえば、古い童謡の一節に「横浜の波止場から船に乗って……」とあるように、横浜はつねに異国情緒と結びついている。もっともボクが最初にそんな気分を感じたのは、現実の横浜ではなく、フィクションのなかの横浜だった。小学校のときに読んだ、ジュール・ヴェルヌの『八十日間世界一周』である。主人公のフィリアス・フォッグは旅の途中、横浜に立ちより、ここでも大活躍しているのだ。従者のパスパルトゥーなどは、見世物一座に加わり天狗の役までこなしている。

デパートの古書展で見つけた〈リーダーズ・ダイジェスト〉〔註1〕昭和二九年九月号に、「英連邦自治領の〝独立〟は有利か」「婦人と仲よく生活するには」「脳は驚異の蓄電池」「私は浮浪少女だった」といった記事にまじって、「ジュール・ヴェルヌと共に今日の世界を行く」という文章が載っていた。なんとも懐かしい。記事を追っているうちに、ヴェルヌを耽読していたころの気持ちがよみがえってきた。

この記事は、もともと〈サタデー・レビュー〉に載ったものの要約だが、ヴェルヌの経歴や業績を要領よくまとめながら、彼の作品が後世に与えた影響を勘どころよく押さえている。たとえば『八十日間世界一周』の〝記録〟に挑戦した人たちが紹介されている。ニューヨークの新聞社は、婦人記者ネリー・ブライを使って七十二日間で世界一周を達成。イギリスの新聞社はバーンレー・キャンベル大佐を起用し、記録を六十八日に縮めた。さらにシベリア鉄道の開通により、フランスの新聞記者アンドレ・シュミットが四十三日で世界一周を実現――という具合。

もっとも、今日のようにジェット機でひとっとびという時代では、世界早まわりの魅力もあせてしまう。たんなるスピード競争だからだ。『八十日間世界一周』の主人公フィリアス・フォッグは、行く先々その土地ごとの特徴をつかみながら、最適と思われる交通手段を工夫していた。エキゾティックな雰囲気に身をおく楽しみ、頭を使う楽しみがあったのである。

そうした楽しみを再現してくれるのが、*Around the World in Eighty Days Illustrated Edition* (Cassell, 1990) である。

その題名のとおり『八十日間世界一周』の絵解き版。ヴェルヌのテキスト(英訳)に、写真や挿絵をふんだんに添えた目で楽しむ世界一周旅行である。いや、「添えた」という表現は適切じゃない。図版とテキストがおなじくらいの分量だけあるのだから。たとえばテムズ川の場面ではW・グリーヴスの水彩、ギザのピラミッドはエドワード・レアの油彩、ベナレスの風景はサミュエル・ボーン撮影の写真、ボンベイの街なみは手彩色の絵はがき、といったあんばいだ。日本の場面では歌麿や広重の浮世絵も使われている。

この本は十年くらい前の発行だから、まだ新刊で入手可能かもしれない。ボクは五年くらい前に、横浜・桜木町の古本屋で手に入れた。値段はちょっと張った(軽く飲みにいったくらい)が、フィリアス・フォッグが上陸した横浜でこの本を見つけたのもなにかの縁だと思い、まよわずサイフを開いた。いまでもときどき引っぱりだしては眺めているので、じゅうぶん元はとれている。

ニナ・リッチ版は気球のデザイン

『八十日間世界一周』といえばこんな本もある。ニナ・リッチが「フィリアス」という香水を発売したときのノヴェルティ（販促用）として配られた特装版。といっても、創元推理文庫の『八十日間世界一周』（田辺貞之助訳）のジャケットを掛けかえただけだが。本体は市販の文庫本そのままで、奥付は昭和六十年の再版となっている（ちなみに初版発行は昭和五一年）。ジャケットの見返しには香水の写真があしらわれている。表の気球のイラストと「PHILEAS」のロゴは、香水のパッケージとおそろいだ。

この本は高幡不動の駅前にある古本屋で見つけたのだが、店番のお姉さんはこんな本が店頭に並んでいたことを知らなかったらしく、しげしげと眺めて「このテの文庫はあとで値があがりますよ。創元とか早川の本は集めているヒト多いから」と強調していた。売るのが惜しそうだったから、彼女自身、創元や早川の本を集めているファンで、この店にはアルバイトで来ていたのかもしれない。付け値は文庫の古本としてはごくごく常識的、立ち飲みコーヒー一杯ぶんだった。

もちろん、稀覯本というわけではないが、仲間内ではこうした変わった本が珍重される。たとえば、ボクが仲間たちと毎年ゴールデンウィークに開催している「ＳＦセミナー」というイベント〔註2〕

で、夜間（合宿）プログラムのひとつで「本とひみつ」という古本紹介の部屋が設けられるが、そこでは奇書珍籍よりも、こうした本のほうがウケがいい。数年前に、このニナ・リッチ版『八十日間世界一周』を披露しようと持参したのだが、なんと古本集めの友人のK君もおなじ本を持ってきてみごとにバッティング。ふたりで顔を見あわせて苦笑いである。

そのKくんが「しかしヘンですね。このニナ・リッチ版のデザインって、どう見ても気球がモチーフじゃないですか。作品のなかでは、フォッグは気球に乗っていないのに。そういえば、ほかにも『八十日間世界一周』の邦訳で、表紙に気球をあしらっているものがありましたよ」と、スルドイ指摘をしていた。たしかに不思議だ。あるいはヴェルヌの第一長篇は『気球に乗って五週間』だし、作家になる前は冒険家ナダールの気球実験に入れこんでいたことは有名なので、「ヴェルヌ＝気球」のイメージがあるのだろうか。

『八十日間世界一周』
(ニナ・リッチ特装版)
ノヴェルティ用。
いったい何部作られたのでしょうか？

『八十日間世界一周
アート・コーン編集』
ストーリーは原作とちがっているが、
眺めているだけで楽しい一冊

そのときはそんなふうに納得したのだが、あとになってこれは映画の影響ではないかと思いいたった。『八十日間世界一周』はマイケル・トッドのプロデュース、マイケル・アンダースンがメガフォンをとり、一九五五年〔註3〕に映画化されている。主役のフィリアス・フォッグをデイヴィッド・ニヴンが演じ、百箇所を超える現地ロケを敢行した超大作である。たしかこの映画のなかで、フォッグは気球に乗っていたのではないか？

〝豪華ショー〟でも気球が活躍

記憶を確かめようと、最初はビデオを借りようとしたのだが近所のレンタル店では見つからなかった。さいわい手元に、この映画を紹介した小冊子、アート・コーン編集『八十日間世界一周』があったので、これで映画のプロットが確認できる。この小冊子（ページ数は少ないがハードカバー。絵本の感覚である）には奥付がなく、発行年がわからない。定価もついていない。もしかすると映画館でプログラムブックとして販売されたのかもしれない。ボクは中学生のころ古本で手に入れた。表紙を開けると「Published in Japan by CHARLES E. TUTTLE COMPANY」との表記がある〔註4〕。タトルといえば有名な版権代理店だ。翻訳は虫明亜呂無。

この本の表紙を見れば一目瞭然。山高帽をかぶった紳士とその召使いらしい青年が気球に乗っている。映画では、フランスについたフォッグ卿と従者のパスパルトゥーが鉄道の不通で足止めをくらい、苦肉の策として気球でアルプスを越えるのである。原作のほうでは、このあたりはすんなりと通過、フランスについては一行の描写すらないのだ。先に紹介した「Illustrated Edition（絵解き版）」でも、イギリスの風景の次は、いきなりスエズ運河の絵になっている。

ところが映画のほうのフィリアスはフランスで気球に乗ったばかりではなく、風に流されてスペインに着いてしまうのだ。フラメンコや闘牛の場面まである。こうしたストーリーの変更は、異国情緒を映像で見せるということを重視したゆえだろう。

〝見せる〟ということでいえば、この映画は大型スクリーンでの上映を前提として開発された「トッドＡＯ」という方式で作成された。もちろん「トッド」とはこの映画のプロデューサー、マイケル・トッドの名からのネーミングである。ボクは不勉強でよく知らなかったのだが、マイケル・トッドはショービジネスの世界では伝説的人物なのだそうだ。そのせいかどうかはわからないが、アート・コーン編の小冊子の表紙でも、「ジュール・ヴェルヌ原作」の文字より、「マイケル・トッドの豪華ショー」の文字のほうが目立つように印刷されている。しかし、「豪華ショー」ってのはいいね。なんとも楽しそうじゃないですか。

アニメ版では動物大行進

映像がらみでは、こんな本もある。《角川版世界名作アニメ全集》の『80日間世界一周』（昭和六三年）だ。郊外型大型古書店のお買い得品のコーナーで見つけたもので、値段は立ち飲みコーヒー一杯程度。表紙や奥付には「原作　ヴェルヌ」とあるだけで、どこにも訳者名の表記がない。テレビのアニメにしたものを、そのセルを流用して絵本にしあげたものだからだろう。トビラには「構成　中島順三」「文　おおくぼ由美」とクレジットされている。

もとのアニメをご覧になった方はご存知だろう（ボクは残念ながら見ていない）が、どういうわけか登場人物はみな動物である。主人公のフォッグ卿はライオン（のように見える）、従者はネコ（なんだろうね）とネズミ（らしい）、インドの美女はヒョウ（でしょうか）といった配役。敵役はオオカミ、悪党はキツネ、タヌキにマンドリル。中国の船長はパンダだし、船員のなかにはなぜかコアラがいる。ハワイの王様はブタだ。人物（？）の名前や配置も原作とは違っており、従者はパスパルトゥーじゃなくてリドゴン、さらに原作にはなかった別な従者がついていてこれがチコ、原作のアウーダ夫人に相当するのがロミー姫で、アニメでは未亡人ではなく王女さまになっている。

そのうえ、世界一周のルートまで変わっている。一行はハワイでフラダンスを踊ったり、難破してメキシコに漂着、失った時間を取り戻すために気球に乗ったりする。いやはや、ここでもまた気球だ！

〔註1〕　若い人のなかには〈リーダーズ・ダイジェスト〉をご存知ない方もいるかもしれない。世界のさまざまな話題——産業、科学、発明、文化、風俗、生活、感動話、オモシロ話、などなど——を、さまざまな新聞・雑誌からピックアップして要約・紹介する（これがダイジェストのいわれだ）月刊誌だ。他誌からの要約ばかりではなくオリジナルの記事もある。アメリカで創刊され、その後、各国語版が発行された。日本語版はもうだいぶ前に廃刊になってしまった。

〔註2〕　ここ数年、SFセミナーのスタッフ陣は若返りの傾向にあり、ボクなどはすっかり化石扱い。なかにはボクがこのイベントをはじめた（一九八〇年）ころに生まれたという者さえいる。しかしSFのこととなれば年齢の差など気にせず対等に話ができるのが

こうした仲間のいいところ。SFセミナーについては、ホームページ（http://www.sfseminar.org）をご覧ください。

〔註3〕　一九五五年は、ちょうどヴェルヌ没後五十周年にあたる。

〔註4〕　この小冊子はアメリカで出版された元版があり、図版・レイアウトなどそのままのかたちでテキスト部分だけ日本語に差しかえたもの。そんなこととはつゆ知らず、アメリカの古書ディーラーのカタログで *Around the World in 80 Days Annual* とあるのを注文したところ、その元版が届いた。判型こそ日本語版よりも大きいが、中身はおなじである。annualという単語を辞書で引くと「年鑑」とか「年報」の意味だとあるが、こうした本も annual と呼ぶことがわかった。「小図録」あるいはもっとくだいて「パンフレット」と訳してもいいかもしれない。もともとはテレビの人気シリーズや、コミックブックのターザンなどを対象にした子どもむきダイジェスト本を「～ Annual」と題して発行したことがあって、そこからこの呼び名が使われるようになったと推測される。どれほど一般的な表現なのかはわからない。

第11章　ルイスのイマジネーションに脱帽

プロパガンダの書と思いきや

　C・S・ルイスといえば、おおかたの人が《ナルニア国ものがたり》全七巻を思い浮かべるのではないか。小学生のころにこのシリーズを読んだのがきっかけで、ファンタジイ・ファンになったという人も少なくない。

　白状するとボクが読んだのは、最初の二冊だけだ。小学校四年だか五年だかのときのクラスで《ナルニア》がちょっとしたブームになり、図書館の本がまわし読みされたのだが、「ルイス、おもしろいよ」「《ナルニア》たのしいわ」と言っているのが、みんな藤子不二雄のマンガに出てくる優等生(デキスギくんやシズカちゃん)みたいな連中ばかりだったので、不良少年のボクはすっかりシラけてしまったのだ。話もそれほどおもしろくなかったし〔註1〕。

　しかし、かなりあとになって『金星への旅』(中村妙子訳、奇想天外社、昭和五四年)を読み、ルイスに対する認識をあらためることになる。この作品は『沈黙の惑星を離れて』『かの忌わしき砦』とともに神学的SFと呼ぶべき三部作〔註2〕をなし、キリスト教プロパガンダのために書かれた宗教の色彩が強い作品(これは《ナルニア国ものがたり》も同様)なのだが、ボクにとってはそんなテーマなどどうでもよかった。ルイスの筆がつむぎだす金星の景観の異様さといったら！

　ほかにこんな作品、ルイスは書いていないのかと思っていたら、国分寺の古本屋で『天国と地獄の離婚』（柳生直行訳、みくに書店発行、小峯書店発売、昭和四一年）を見つけた。値段はラーメン一杯分。しかし、この本、どうも見た目が冴えない。装幀はジミで垢抜けしないし、ジャケットの見返しの紹介文も、〔アレゴリー（寓話形式）によって書かれたユニークな作品〕とか、〔本書によって作者が伝達しようとしている思想は、天国はリアリティーそのもので……〕とか、なんとも抹香臭い言葉が並んでいる（キリスト教に「抹香」はヘンか？）。

　それもそのはず。この本はキリスト教系の出版物なのだ。表紙にも《KGK新書》と銘打たれているが、これは「キリスト者・学生・会」の略なのだそうだ（なるほどChristianならばCだけど、キリスト者ならKだ）。『天国と地獄の離婚』というタイトルはウィリアム・ブレイクを意識したものだ

『天国と地獄の離婚』
なんとも地味な体裁。
でも内容は奇想天外なのだ

『C・S・ルイスの秘密の国』
こんな本もあります。
良い子のためのルイス評伝

し〔註3〕、内容的にも幻想小説らしいから、とりあえず買っておくことにしたのだけど、この調子じゃ『金星への旅』のようなスペクタクルは期待できそうにない。

しかし、読んでみてビックリ。結論から言うと、これが思わぬ掘り出し物。傑作とはとても言えないが、いろいろな意味で楽しめる作品だった。ルイスさん、ごめんなさい。

天国でG・マクドナルドと対面

語り手の「私」はそうはっきりと書かれているわけではないが、あきらかにルイス本人。見知らぬ町を雨のなか何時間も歩きまわり、いまはバスを待つ列に並んでいる――というところから話がはじまる。この町がどこかはあきらかではなく、私がなぜそこにいたかもわからない。私はほかの人々とともに到着したバスに乗る。バスはしばらく走ったあと離陸をし、車窓の下には雨に濡れた町の屋根が広がる。

私が乗客たちと話をするなかで、町のことがおぼろげながらわかってくる。町の住民たちは「地上」からやってきたこと。みなケンカっぱやく隣人といざこざを起こしては郊外に引っ越すので、町は拡大の一途をたどっていること。「地上」からの新参者は町の中心に到着するので、古い住人ほど遠くに住んでいることになる。バス乗り場は町の中心から何千マイルも離れており、この乗客たちは何世紀にもわたって引っ越しを繰り返したあげくに、バス乗り場付近に居ついたこと。バス乗り場からさらに遠い郊外、何光年も先にはジンギスカンやシーザー、ヘンリ五世も住んでいるらしいが、そういう人たちはもはやバスに乗りたいとも思わないだろうということ。この町では思い浮かべるだけでなんでも手に入れられるが、品質はあまりよくないこと。

何光年ものスケールで広がった町！　はるか昔の人間がその古さに応じて遠い辺境に住む世界！『金星への旅』とはまた違ったテイストではあるが、ルイスの想像力のたくましさには舌を巻く。

バスはやがて光に満ちた草原に到着する。私はこの場所のあらゆる物質――木の葉一枚、花一輪から――が、とても硬く重いことを知り、自分たちが亡霊であることを悟る。運転手は乗客にむかって「戻りたくなければ戻らなくてもよい。ずっとここにいることができる」と告げるのだが、だれもが居心地が悪そうだ。やがて、光り輝く人たちが乗客を迎えにくる。ひとりに対してひとり、それぞれ生前なんらかの因縁でむすばれた人がやってくるのだ。

語り手（＝ルイス）のもとにやってきたのは、なんとジョージ・マクドナルド。そう、幻想文学の傑作『リリス』を書いたあのマクドナルドである〔註4〕。童話作家としても有名だ。マクドナルドが他界したのは一九〇五年、一八九八年生まれのルイスはまだ物心がついたばかりのころだ。もちろん実社会での交流などありえるはずはない。ルイスは作品のなかで、敬愛する先輩作家との対面をはたしたのだ。

ふたりの対話のなかから、どうやらバスが到着したのは天国であり、バスが出発したあの町は地獄だったということがわかってくる。語り手は尊敬するマクドナルドの言葉にいちいち耳を傾け、その意向をくみとろうと努力するが、ほかの連中はそううまくいかない。このあたりの会話が、そのままキリスト教の問答になっており、なぜ品行方正に生きたと主張する男が亡霊になって、人殺しが天国にいられるのかということが論じられる。このやりとりは退屈というほどではないにしろ、いかにもキリスト教のプロパガンダであって、ちょっとシラける。

おっと、こんなことを言うとボクも地獄行きですな。

マクドナルドは、「天国は心の状態などではなく実体そのものだ」と言う。実体だからこそ硬くて重い。亡霊には木の葉ひとつがひどい重さだし、草を踏むのも痛いのだ。バスがついたのは天国の辺境だが、もし亡霊が天国の中心部である山の方角にむかい、硬い草を踏むのをがまんしながら歩いていけば、一歩ごとに足の痛みは薄まり、天国にふさわしい堅固な体に変わっていくのだという。

その天国の性質を知った語り手は、もよりの川でこんな実験をしてみる。

草が岩のように固いとすれば、と私は考えた。水もまた、その上を歩けるくらい固いのではないだろうか？　そこで、私は片足でためしてみた。足は水中に没しなかった。つぎの瞬間、私は思いきって水面に出た、と、たちまち、うつむけに倒れて、あちこちにひどいケガをしてしまった。水は、私には、たしかに固かったが、急流であることには変わりがない、ということを私は忘れていたのだ。

とんだズッコケで、おもわず笑ってしまう。キリスト教の問答を披瀝するためだけなら、こんなエピソードは不要なはずだが、これもルイスのありあまる想像力のなせるワザだろう。彼は「はしがき」で、この〝硬い天国〟のアイデアを、アメリカのSF雑誌から得たと明言している。その雑誌に載っていた作品では、登場人物は天国ではなく過去にいくのだが。定まった過去はなにひとつ変更できないから、この人物の体は雨粒に貫かれ、いくら力をこめてもサンドウィッチを囓《かじ》ることができないという説明になっている〔註5〕。

もっともルイスの作品では、亡霊でもよほど頑張れば、小さなものならなんとか持ちあげることができる。なかには、天国のものを町にもってかえって売りさばこうと考えている者すらいる。地獄にほんものの経済をもたらそうという狙いだ。この考え方もおもしろい（もちろん失敗するのだが）。

だいたい地獄の亡霊が空飛ぶバスで天国にやってくるというのも、かなりポップな発想ではないか。作中のマクドナルドの言葉によれば、〔地獄の住人には休暇がある――つまり、遊覧旅行をやる〕ということだ。しかも、天国への遊覧旅行だけではなく、「地上」への旅行もあるというのだ。バカな亡霊は地上に出かけては、霊媒にいたずらしたり、かつて自分のものだった家の所有権を主張したり（かくして幽霊屋敷ができる）、文筆のたしなみのあるやつは図書館をぶらついて自分の著作がまだ読まれているか確かめたりするという。そんなことまでできるのなら、地獄もそれほど住みにくいところじゃなさそうだと、ボクは思うのだが。

ただひとつ気がかりなのは本屋である。作中の説明によると、たしかに本屋もあるにはあるのだが、「『アリストテレス全集』を売っているような部類の」と形容されている。もっとボク好みの本を売っている本屋がいいのだけど。それに古本屋が並んでいる界隈もほしいなあ。

〔註1〕 そのころボクが熱中していたのは、講談社や集英社の子どもむけSFシリーズであり、ジュール・ヴェルヌの空想冒険ものや江

戸川乱歩や《シャーロック・ホームズ》をはじめとする推理小説だった。それらに較べると、《ナルニア国ものがたり》はオトナしすぎた。

〔註2〕『金星への旅』はその後『ペレランドラ』と改題されてちくま文庫におさめられた。同様に、『沈黙の惑星を離れて』は『マラカンドラ』、『かの忌わしき砦』は『サルカンドラ』と改題。

〔註3〕ブレイクの『天国と地獄の結婚』に対する反論として、ルイスはこの作品を書いた。ブレイクは善と悪とはともに人間性を形成するものだと説いたが、ルイスは両者は相反するもので、善は成熟にするにしたがい、悪からより離れていくとする。この本の「はしがき」でルイスは、〔地獄を（いや、この世をさえ）手放そうとしないかぎり、われわれは天国を見るわけにはいかない〕と主張している。

〔註4〕ジョージ・マクドナルドは、スコットランドの作家。僧職から創作に転じた人物であり、その作品にもキリスト教的テーマ、イメージが色濃い。『天国と地獄の離婚』のトビラには、マクドナルドの言葉が引用されている。

〔註5〕残念なことに、ルイスはこの作品の題名も、作者の名も覚えていないという。しかしタイムトラベルものとしては、かなり幼稚なアイデアである。

第4部　ブックハンティングの旅

第12章　サンフランシスコ古書巡礼

観光よりも本探しが楽しい

　旅行先でも、本好きの習慣はかわらない。国内だろうが海外だろうが、観光そっちのけで本を探す。社員旅行でいったタイでは屋台でオカルト雑誌を買い、新婚旅行のスペインでは貸本屋のオバさんに睨まれ、夏休みのバリ島ではアメリカ海軍が読み捨てたペイパーバックを漁《あさ》る。空港では免税店など見むきもせず、書籍売場ばかり見ている。

　そんなボクが、いちばん楽しんだ街がサンフランシスコである。堪能したあまり、自分が主宰している〈SFビブリオファイル〉というファンジン（個人誌のこと。現在は開店休業中）にレポートを載せたほどだ。読者からも、同地への出張のさいにこのコピーを携帯したという人、自分は洋書は集めていないが古本屋めぐりの楽しさが伝わってきたと言ってくれた人、けっこうな反響があった。そのレポートを以下に再録する。

　語句・表記に若干手を入れたり、補ったりした以外は、文体も含め原文のままである。一九九三年時点のことなので情報は古くなっているだろうが、古本紀行のサンプルとして読んでいただければと思う。

＊　＊

ワールドコン（世界SF大会）へ行ってきました。一九八九年のボストン大会以来、二度目の参加です。今年の開催地はサンフランシスコで、大会の愛称は ConFrancisco。以前サンディエゴで開催されたNASFiC（北米SF大会）に参加した帰り道、この街に三泊ほどしたことがあり、そのときの印象がとてもよかったので、今回のSF大会も開催が決まると同時に申しこみました。

サンフランシスコが気に入った理由は、快適な気候、街並みの美しさ、観光地としての面白味、レストランの多彩さなどもありますが、なんといっても、充実した本屋めぐりができるという点が一番です。

本屋の数が多いことに加え、地下鉄、バス、ケーブルカーなどの交通機関が発達しているので、かなり効率のよいまわり方ができるのです。

ワールドコンの模様は〈宇宙塵〉（SF同人誌）でレポートしましたので、本誌では古本屋めぐりのことを中心に、ガイドブック風に書いてみたいと思います。サンフランシスコにおでかけのとき、参考にしてください。

事前の準備

サンフランシスコに限らないのですが、海外に本を買いにでかけるときに用意するものといえば、現地のガイドブック・地図、現金、トラベラーズ・チェック、クレジットカード、探究書リスト、書店の住所録、メモと筆記用具、といったところでしょうか。カメラを持っていって店の写真を撮ってくるというのもテです。

ガイドブックは日本語のものでじゅうぶん。地図は現地についたときに番地の入ったものを入手するとよいでしょう。サンフランスシコの場合は、観光案内所で売っている *Street & Transit Map* が便利。交通機関の路線がバッチリわかる。

軍資金ですが、なるべくクレジット・カードを使うようにするといいでしょう。レートの変動を別にすれば一番得です。なかにはカードは使えない店もあり、また、あまり少額だとカードは受けつけてくれない場合もありますので、トラベラーズ・チェックと併用ということにしましょう。交通費などで現金も必要になりますので、これも若干。なるべく額面の小さい金種で用意しておくといい。ぼくは最初のうちトラベラーズ・チェックでお釣りをもらうようにして、一ドル札、五ドル札をためました。

探究書リストはふだんからの準備が大切。ぼくは雑誌だけはチェックリストを作り、欠けている号が一目でわかるようにしてあります。いわゆる WANT LIST をつくっておき、本屋に渡してしまうのもテです。この際、作者名・題名・出版社などハッキリわかるようにしておくこと。

書店の住所ですが、ぼくはいつも *Fandom Directory* という本（毎年改訂版が出ます）をコピーしていくようにしています。エリアごとにリストアップされており、取り扱いジャンルもわかるのでとっても便利。

そのほか《ローカス》などの広告や消息欄などもチェックしておくとよいでしょう。大きな洋書屋

にある *Books Out of Print* の巻末の古書店リストなども参考になります。さらに現地に到着したら、ホテルの部屋に備えつけの電話帳で調べるといい。もっともサンフランシスコの場合なら、*Northern California Book Finder* という古本屋地図帖があるので、これを手に入れるのが手っ取り早い。ときおり（毎年？）改訂版が出ている。

ぼくは前回・今回ともにヘイト・アッシュベリーの〈フォーエヴァー・アフター・ブックス〉で手に入れましたが、発行元に直接注文もできるようです（Jules Greenblatt, 1050 Crestview Drive, #5, Mountain View, CA 94040 U.S.A.）。

メモと筆記用具は書店で発見したことを書きとめたり、地図をチェックしたりするときに必要。ぼくは四色ボールペンとシャープペンを併用していました。

さて、準備ができたら出発。

『FANDOM DIRECTORY』
コミックやメディアを中心としたファンのための住所録。情報満載

『NORTHERN CALIFORNIA BOOK FINDER』
北カリフォルニア州版古本地図帳。ポケットサイズ

まずはＳＦ専門書店から

●ELSEWHERE BOOKS
住所　260 Judah, San Francisco 94122／営業時間　火〜金曜10:00-18:00・土曜10:00-18:00／
電話　415-661-2535

●IN & OUT OF PRINT BOOKS
住所　401a Judah, San Francisco 94129／営業時間　日〜木曜11:00-23:00・金土曜11:00-真夜中／
電話　415-665-1116

サンフランシスコ市内の古本屋をまわるときは、ＳＦ専門書店を起点としたルートを考えるといいでしょう。ぼくはまず、ゴールデンゲート・パークの南にある〈エルスウェア・ブックス〉へ行きました。ダウンタウンからなら、ムニ・メトロの「Ｎ」路線に乗る。この地下鉄は途中から地上に出て路面電車になり、降りる駅で合図をして（窓際に張ってあるヒモを引く）止めてもらう方式。地上の駅の所在は地図では確認できないので、窓の外に気をつけて通りの名前をチェックしていくこと。最初は神経を使うがすぐ慣れます。乗りすごしたってたいしたことはない。

〈エルスウェア・ブックス〉は、ＳＦとミステリの専門書店。最近はホラーも多くなってきているようです。専門書店というと新本と古本の両方を扱うというところが多いのですが、ここはすべて古本。ペーパーバックから限定版やコレクターズアイテムまで幅広く扱っています。ただし品物の数はそれほど多くありません。アメリカの本屋としてはこぢんまりとした部類でしょう。ただし戦前の古雑誌やアマチュア雑誌、資料類なども置いてあるので、ぼくのようなファンにとっては嬉しい。値段はちょっと高めなのが痛い。いつも（といっても三度しか行っていませんが）、恰幅のよいオバちゃんが店番をしています。今回この店に行ったのはSF大会の前日だったので、ぼくが「ワールドコンには行かないの？」と尋ねてみたところ、「参加費が高いものね」という返事。ぼくが「でも日本からの旅費のほうがもっと高かったよー」と言うと、「そりゃ、そうだろ」と笑っていました。

この店から西へ一ブロック行くと、〈イン・アンド・アウト・オブ・プリント・ブックス〉があります。一般の古本屋ですが、SFも多い。新しめのペーパーバックなら〈エルスウェア・ブックス〉より豊富です。SFの画集やグラフィック・ノヴェルがなかなかの品揃え。しかも安い。ぼくはこの店で、リチャード・パワーズがイラストを手がけた『キング・コング』や、『リトル・ファジー』の絵本を見つけました。カウンターのうしろの壁には《オズ》シリーズの初版などの稀覯本などが飾ってありました。一見の価値のある店です。

このほか近くに数軒古本屋がありますが、いずれもSFはあまり置いていません。時間がたっぷりあれば、ゴールデンゲート・パークで遊ぶのもいいでしょう（数ある施設のなか、とくにカリフォルニア科学アカデミーがお薦め）が、今回はブックハンティングの旅。バスを拾ってヘイト・アッシュベリーにむかうことにしましょう。

ヘイト・アッシュベリーの本屋

●AUSTEN BOOKS
住所 1687 Haight St., San Francisco 94117／営業時間 毎日11:00-18:00／電話 415-552-4122
●FOREVER AFTER BOOKS
住所 1675 Haight St., San Francisco 94117／営業時間 毎日11:30-21:30／電話 415-431-8299
●SAINT ADRIAN CO.
住所 1334 Haight St., San Francisco 94117／営業時間 月〜土曜11:30-18:30・日曜12:00-18:30／電話 415-255-1490

ヘイト・アッシュベリーはゴールデンゲート・パークの東側。かつてフラワーチルドレンの本拠だったところで、いまもそれっぽい空気が漂っています。本屋の棚にもオカルトや精神世界を扱った本が目立つ。

〈オースチン・ブックス〉〈フォーエヴァー・アフター・ブックス〉〈セント・エイドリアン〉、いずれもヘイト・ストリートの並びなので順番にまわればよいのですが、とくに〈フォーエヴァー・アフター〉は要チェック。SFの量が多いうえに、ちょっと変わった本が混じっていたりします。ぼくは、ここでJ・O・ベイリー著の先駆的SF歴史書 *Pilgrims Through Space and Time* の再刊本を見つけました。

そのほか大学出版局から出たSF研究書などもあります。値段がリーズナブルなのも魅力です。高い棚の上から下までギッシリと本が入っており、上の方にそういった資料本などが置いてあるので、踏み台を利用してじっくり見ることです。値段のついていない本もありますが、躊躇《ちゅうちょ》せずにカウンターで訊くことです。たいていはこちらが思っているより安いのですから。

〈オースチン・ブックス〉は平均的な古本屋といった印象。SFはそこそこ。〈セント・エイドリアン〉は、ペーパーバックのSFがかなりある。そのわりにハードカバーのSFがぜんぜんない。不思議だなあ。

あ、そうそう。アメリカの古本屋は（本屋でも）、荷物をカウンターに預けるようになっているところが多いので注意。〈フォーエヴァー・アフター〉では木製の洗濯ばさみを引替札がわりに渡してくれます。こうしたシステムは、万引き防止というわけでしょう。日本人のなかには「客を疑っているようでイヤだ」と言う人もいますが、ぼくは合理的だと思います。だいいち、身軽になって本が探しやすい。

ダウンタウンの見逃せない二軒

●FANTASY ETC.
住所　808 Larkin, San Francisco 94109／営業時間　月～土曜11:00-19:00・日曜12:00-18:00／
電話　415-441-7617

●AABEN BOOKS

住所 1546 California, SanFrancisco 94109／営業時間 毎日10:00-22:00／電話 415-563-3525

観光がメインでサンフランシスコに行くにしても一軒くらいはSF書店も見てみたいという方には、〈ファンタジー・エトセトラ〉がお薦めです。ダウンタウンにあるので、観光のあいまに寄れそう。同行者がお土産を買っているうちに、行ってこられる距離です。ただし店の間口が狭く地味なので、見のがさないように（とくに店が閉まっているときは、ちょっと見ではわからない）。ここはSFとミステリの専門店。新刊が中心ですが、棚をひっかきまわすとファン出版のブックレットやSF大会のプログラムブックなどが出てきたりします。店内はかなり狭く照明も暗いうえ、あちらこちらに本が積んであるので、動きまわるのに気を使います。そのうえ床には大きな犬が寝そべっているのです。

ぼくはワールドコンの最終日にこの店に行きました。このとき店番をしていたのは、チャーリー・カキーというお兄さん。彼もワールドコンに参加したとのことで、「大会に行くときにはクレジットカードは持たないようにしてるんだ。だってディーラーズに足を踏み入れたら我を忘れちゃうだろ」と笑っていました。身に覚えがあるだけに、一緒になって笑えません。棚の下の方でホコリまみれになっていたイギリスの古い地方SF大会のプログラムブックを見つけだしたら、「これは一九八二年から店に置いてあったものだ」と感心されてしまった。こんなものを買うやつ（しかも日本人）がいるんだなあと言いたげでしたが、ぼくの方はどうしてそんなものがこの店にあったか知りたい。

〈ファンタジー・エトセトラ〉のあるラーキン・ストリート、そのひとつ先のポーク・ストリートの間には何軒も古本屋があるのですが、ぼくがまわったときはいくつかの店が閉まっていたので、キチンと紹介できません。ここでは開いていた店のなかで、ひとつだけお薦めの店にご案内しましょう。〈アーベン・ブックス〉は、〈ファンタジー・エトセトラ〉から北へ六ブロックのぼったところにあります。SFの専門書店ではありませんが、品揃えはたいしたもの。SF専門出版社から出た小部数のハードカバー本や、著名作家の初版本などコレクターズ・アイテムが見つかります。とくに稀覯本はカウンターの奥に納められているので、興味のある人は頼んで見せてもらうといいでしょう。ここでヴァン・ヴォークトのサイン本や、ジョン・ショーンハーが挿絵を担当した『イラストレイティッド・デューン』などを手に入れました。SF・ホラー映画関係の本もなかなかの品揃えと見受けました。

ビルのなかの「共同」古書店

●TALL STORIES
住所 2141 Mission, #301, San Francisco 91410／営業時間 月〜土曜10:00-18:00／
電話415-255-1915

SF専門書店は事前に調べておいたつもりですが、*Northern California Book Finder* を眺めているうち、気になる店が一軒出てきました。〈トール・ストーリーズ〉という店。広告では「サンフランシスコでもっとも新しい古書店」とあり、いくつか専門分野が列挙してありますが、その先頭がSFなのです。うーん、どんな店かなー。ワールドコンの次の日は、この店を起点として古本屋めぐりをすることにしました。ちょうどディーラーズ・ルームで *A Book Lover's Guide to the Mission* という、この界隈の案内図をもらっていたので、おあつらえむきです。

ダウンタウンからミッション・ストリートを通るバスに乗って、約十五分。〈トール・ストーリーズ〉はビルのなかの一室にあります。建物の入口についたインタフォンで連絡し、玄関をあけてもらわなければなりません。三階。同じフロアには本屋がほかに二軒入っていますが、どちらもSFは置いていません。テリトリー分けがされているのです。実を言うと最初は、まちがって別の本屋に入ってしまい、「サイエンス・フィクション？　ウチは法律書が専門だよ」と言われてあわてました。

ビルの一室といっても、とにかく広い。面積は普通の古本屋なみ（普通といってもアメリカの普通です）、天井もかなり高い。店主と話をしてわかったのですが、この店は、何軒かのディーラーが共同で棚を持つ方式を取っているのです。そのなかにSFを専門にしているところがいくつかある由。普通の古本屋ですと、「アメリカ文学」「ミステリ」「社会科学」などというような分野別になっているのですが、この店はディーラーごとに棚が分かれています。それぞれの棚のなかで、また分野ごとに整理がされているわけです。

ここで、思いがけない人と出会いました。アンディ・リチャーズ氏。イギリスのSF専門書店の店主で、ワールドコンのディーラーズ・ルームにも出店していました。そのときにちょっと話をしたのですが、まさかこんなところで再会するとは。聞けば、彼もこの店に品物を置いているとのこと。なるほど、イギリスのディーラーがアメリカの店で棚を持つというのは、なかなかいい考えです。リチャーズさんは妹さんが（もしかするとお姉さんかもしれませんが）サンフランシスコに住んでおり、いまはそこに滞在中とのこと。「SFが置いてあるのは、ここと そこ、あとあっちの棚にもあるはずだ。ゆっくりと探すといい」と教えてくれました。

いかにもコレクターむけといった本が多いのですが、どちらかというとキング、クーンツの初版本といった「ホット」なタイトルが中心のようで、ぼくにはあまり縁がありません。リチャーズ氏の棚はイギリスのハードカバーが中心で、シブいタイトルが揃っているのですが、これは彼のイギリスの店にオーダーすればいいのです。

結局買ったのは、H・R・ハガードの書誌だけ。

「IN & OUT OF PRINT BOOKS」
のんびりと本探しができる雰囲気の店

「TALL STORIES」
この店には複数の古本屋が共同で棚を置いている

ミッションはとにかく歩け

●MAELSTROM
住所 572 Valencia, San Francisco 94110／営業時間 毎日12:00-19:00／電話 415-863-9933

●VALENCIA BOOKS
住所 524 Valencia, San Francisco 94110／営業時間 毎日12:00-22:00／電話 415-863-6829

●BOOK CENTER
住所 518 Valencia, San Francisco 94110／営業時間 月～土曜10:00-18:00／電話 415-626-2924

●ANT HILL BOOKS
住所 237 Church, San Francisco 94114／営業時間 月～土曜12:00-21:00・日曜12:00-18:00／
電話 415-626-2665

●AARDVARK BOOKS
住所 227 Church, San Francisco 94114／営業時間 月～土曜10:30-22:30・日曜9:30-21:00／
電話 415-552-6733

〈トール・ストーリーズ〉を出て歩きます。このあたりはミッションと呼ばれる住宅街で、古本屋の数も多い。神保町や早稲田のようにかたまっているわけではありませんが、バスでまわるよりも歩いたほうが早いという距離に散らばっているのです。

〈メールストローム〉〈ヴァレンシア・ブックス〉〈ブック・センター〉は同じ通りに面しています。

SFファンにお薦めなのは〈メールストローム〉。SFそのものの冊数はあまり多くないのですが、絵本のコーナーに面白いものが混じっていそうです。

〈ヴァレンシア・ブックス〉はとにかく広い。二階までブチ抜いたような高さの天井まで本棚が伸びています。本棚が入り組み、もともとの建物の構造とあいまって、まるで迷路のようです。この店は、とにかく店内を見るだけでも価値があります。ただし本を探すという点では、SFファンむきではありません。なにしろSFのコーナーがなく、フィクションという棚を見て行くとポツポツとSFが見つかるといったふうです。全般的にカタい本が多く、書誌や伝記のコーナーも充実しています。書誌のコーナーで、かねてから探していた『オズ・スクラップブック』を入手。コンディションは悪かったけれど、十ドルはお買い得。

〈ブック・センター〉もあまりSFはありません。この本屋はモダンな内装で、ブティックと間違えそう。現代文学や詩集などを探すと似合いそうです。

ここから三ブロック西にいくと、チャーチ・ストリート。北に折れてしばらく行くと、〈アント・ヒル・ブックス〉〈アードヴァーク・ブックス〉が隣りあわせに店を出しています。この二軒はお薦め。

〈アント・ヒル・ブックス〉はペーパーバックは少なくハードカバーが主体。映画関係がかなり揃っており、ぼくはここでボリス・カーロフの伝記を入手。そのほかSFの資料本を何冊か。

〈アードヴァーク・ブックス〉は、ハードカバー、ペーパーバックとり混ぜたSFのコーナーがあります。ここではアシモフの *In Memory Yet Green* を格安で入手。翻訳が出ている伝記ですが、このテは原文の表記など参照したいこともあるので、いちおう原書も置いておきたいのです。

SF本のカーニヴァル

●DARK CARNIVAL
住所 2978 Adeline St., Berkley 94703／営業時間 月～土曜10:30-20:00・日曜12:00-17:00／電話510-845-7757

サンフランシスコ市内だけではなく、郊外にもたくさん本屋があります。とくにSF専門書店ならば、まずバークレイに行かなければなりません。

ダウンタウンからバート（高速地下鉄）に乗って、ベイブリッジの方向へと湾をわたります。バークレイのひとつ手前、アシュビイ駅で下車。バークレイ方向へ少し歩くと、SF専門書店〈ダーク・カーニヴァル〉があります。ロッジ風の広い店内はSFだらけ（ミステリも少々あります）。新刊がほとんどですが、サイン本なども多く、ぼくのようなおノボリさんは目移りしてしまいます。作家を招いてのサイン会もちょくちょくやっているようで、「レイ・ブラッドベリ来たる！」なんてビラが張ってありました。

店の奥には見切り品コーナーがあり、ここをひっかきまわすのも面白い。時期遅れのカレンダーを四つ、五つと買いました。ただ、この店はクレジットカードが使えないのが難。シャーリー・マクラムのサイン本がほしかったのですが、手持ちのドルが心許ないのでグッとがまんした次第。

もうひとつのチェンジ・オブ・ホビット

●THE OTHER CHANGE OF HOBBIT
住所 2020 Shattuck, Berkley 94704／営業時間 月〜土曜11:00-20:00・日曜12:00-18:00／
電話 510-848-0413

バートに乗ってひとつ、バークレイ駅で降りると、すぐ〈ジ・アザー・チェンジ・オブ・ホビット〉があります。まえはテレグラフ・アベニューの近くにあったのですが、今春に移転したのだそうです。「ひっこしが四月一日でね。みんな信じてくれないのよ」と店のオバちゃん。

新しい店は移転前にくらべ若干狭いようですが、よく整理されて探しやすくなっています。この店も新刊が中心ですが、古本のコーナーもあり、ペーパーバックは二ドルから。コレクターズ・アイテムはガラスケースのなかに納めてあります。『華氏四五一度』のアスベスト装版の現物をはじめて見ることができました。お値段千六百五十ドルなり。出るのは溜め息ばかり。前に来たときは、とうに絶版になったビブリオグラフィなど（小出版社から出たブックレット形式のもの）を何冊も定価で買うことができ、ホクホクしていたのですが、移転後はそういう掘り出し物も減ったようです。

この店もときどきサイン会を開いています。棚にもいくつか「サイン入り」と書いた札が出ていましたが、〈ダーク・カーニヴァル〉ほど多くはありません。そうそう、この店のカウンターのところに〈ダーク・カーニヴァル〉のチラシが置いてありました。ライバル店の宣伝をするなんて、気前がいいですね。

バークレーは本の街

●MOE'S BOOKS

住所 2476 Telegraph, Berkley 94704／営業時間 日〜木曜10:00-23:00金・土曜10:00-真夜中／電話 510-849-2087

●HALF PRICE BOOKS

住所 2525 Telegraph, Berkley 94704／営業時間 毎日10:00-22:00／電話 510-843-6412

バークレーは学生街で本屋もいろいろあります。とくにテレグラフ・アベニューは本屋を含め、レコード屋やブティック、ちょっと変わったアクセサリーの店などが軒を連ね、散策にはもってこいです。ぼくたち夫婦は、翻訳家の小川隆さんと、現地のSF作家リサ・メイスン&トム・ロビンスン御夫妻にこの通りを案内していただきました。

なかでも〈モース〉は、ベイエリアで一番大きな古本屋。地下一階から四階まで本がぎっしり。SFは地下にあります。新しめのペーパーバックが中心。ゾッキ本や割引きの新刊もありました。絵本や画集なども多く、根気よく探すと面白いものが見つかるかもしれません。ぼくはアン・ライス原作のグラフィック・ノヴェルを定価の半額で買いました。

このほか、テレグラフ・アベニューでのおススメは〈ハーフ・プライス・ブックス〉。大学出版局などの本など、どちらかといえばマイナーな出版物まで、見切り価格で販売しています。

もとのレポートではこのあと、SF情報誌〈ローカス〉編集部を訪問した話、世界SF大会の即売場の模様などへとつづくのだが、あまり一般性がないのでカット。

＊　＊

先にも断ったとおり、このレポートは情報的には古いので、営業時間など変更になっているかもしれない。アップ・トゥ・デートな情報は、インターネットで確認していただきたい。多くの書店がホームページを開いている。あるいは、現地に到着してからイエローページ（職業別電話帳）で、店の所在を確認するといい。たいていのホテルが各客室にイエローページを備えているし、空港にも置いてある。

もっとも、アメリカの場合はメイルオーダーが浸透しているので、お目あての本、収集のジャンルが定まっている場合は、わざわざ現地に出かけて古本屋めぐりをする必要はあまりない。とくに最近はオンラインのカタログが充実しているのでなおさらだ。

しかし、そうはいっても、やはり自分の足で古本屋を訪ねるのは楽しい。店ごとの雰囲気、棚の表情、古本の匂い、そんな「場」に身を置くことが好きなのだ。

第5部　紙魚の偏愛

第13章　急にイーリイが読みたくなって

これが正しい（?）蔵書分類法

古書会館での即売会に出かけたついでに神保町の古書店街をひやかして、店先の均一本のなかから〈EQ〉（光文社）の一九七九年五月号を買ってきた。この号を探していたというわけではなく、帰りの車中の暇つぶしにしようと思ったのだ。ミステリ雑誌は、肩の凝らない短篇や気の利いたコラムが多く、拾い読みに最適なのだ。

地下鉄はほどよく空いており、いい気分で読みはじめた短篇がまたおもしろい。ニューヨーク州の片田舎で、古きよき時代に倣った自給自足の生活をはじめた青年たちの物語である。彼らの生き方はちょっとした話題になり、そのうち見物者が訪れるようになる。手作りの工芸品もよく売れ、また自分たちの人生観を多くの人に知ってもらえると喜んでいたのもつかのま、観光客の波によってしだいに彼らの生活は崩壊していく。

たんたんと〝悪意なき暴力〟を描く乾いた筆致が、不気味でやりきれない雰囲気を倍加させている。作品は「コミューン始末記」（この邦題はいただけない。原題は“Going Backward”）。作者はデイヴィッド・イーリイ。

この短篇がきっかけとなって、イーリイのほかの作品を読んでみたくなった。ずいぶん前にこの作家の本を買っておいたはずだ。家に帰って、さっそく書庫を探してみる。さて、イーリイの本はどこにおいたっけ?

話がちょっと脱線するが、仲間で集まるとかならず話題に出るのが、本棚のやりくりである。すでに場所がなくなり、冷蔵庫やバスタブのなかまで本が浸食しているという末期的状況のヒトもいるが(それもひとりやふたりではない)、そこまでいかなくとも、みんな本を置くスペースには頭を悩ませている。もっと広い部屋を手配する金銭的余裕があるなら、そのぶんで本を買ってしまうという連中ばかり。ギリギリまで粘ったあげく、どうしようもなくなって引っ越しをするというのがおきまりのパターンである。そうなったとき、荷づくりに関しては、たいてい物好きな友人たちが手伝ってくれるから問題はないが(なにしろ他人のものであっても本にさわっていれば幸せという阿呆ぞろいである)、気をつけなければならないのが新居への搬入である。くれぐれも大家さんの目につかないよう、タイミングを見はからって運びこむことだ。さもないと、あまりの本の量にその場で契約解消ということになりかねない。

物理的スペースはどうにか確保したとして、次に問題になるのが本の並べ方である。荷ほどきのときはついメンドーになって、とにかく端から突っこんでしまったりするのだが、そうすると、あとになって本を探すのがタイヘンだ。なにしろ書架を一重に使えるというゼイタクが可能な状況は遠い昔に通りこしている。本を並べたその前にもう一列本を並べ、それでも足りずに並べた本の上の空間にさらに本を詰めこまなければならない。ちゃんと整理しておかないと、うしろ側にどんな本が入っているのかわからなくなってしまう。そこで収納性と検索性を考慮して、いろいろと並べ方を工夫するわけだ。

ぼくの場合、まず、文庫、新書・ペーパーバック、大判の本には専用の棚をあて、あとは、資料本（洋書・和書）、戦前の本、日本作家の小説・エッセイ、翻訳小説、小説以外、洋書、児童書、雑誌、同人誌、と大雑把にわけ、そのなかでさらに自分なりにわかりやすい配列をとっている。まあ、あとから買った本をテキトーにつっこむので、整然としているとはとても言えませんけど。

日本人作家の単行本はおおむね著者別に並べているが、翻訳小説については基本的に出版社別の配置だ。正確にいうと、SF、ファンタジイ、怪奇小説といったジャンル・フィクションは別な棚にまとめ〔註1〕、それ以外を出版社ごとに棚分けしているのである。作家別にしないのは、一冊、二冊しか翻訳が出ていない作家が多く、どうにも並べにくいからである。また出版社別にすると、本の体裁がそろって見た目にもスッキリする。

前述したように本は二重に並べているので、棚一段で七十冊前後は収納できる。もちろん、一段では収まりきらない出版社もある。たとえば、白水社、筑摩書房、集英社、新潮社、国書刊行会、河出書房／河出書房新社、早川書房……。と、こうやって挙げると、ボクの読書傾向がだいたいおわかりになるだろう。

世間的には「現代文学」といわれる本が多いが、そうともいえないものも混じり、ボクの感覚としては、やはり「ジャンル・フィクションからハミ出す作品」と呼びたい。探していたデイヴィッド・イーリイの本も、この棚にあった。『観光旅行』（一ノ瀬直二訳、早川書房、昭和四四年）だ。

エンターテイメントとしての不条理小説

ミステリ雑誌にも寄稿しているデイヴィッド・イーリイだが、彼を推理小説家と呼ぶのはためらわれる。先の「コミューン始末記」にしたって、謎解きや犯罪捜査が語られるわけではない。分類するとしたら〝奇妙な味〟だろう。

長篇『観光旅行』も推理小説ではない。かといって、いわゆる現代文学でもない。やはり、ジャンル・フィクションからハミ出す小説なのだ。邦訳は《ハヤカワ・ノヴェルズ》の一冊として出版された〔註2〕。

推理小説やSFならば専門誌もあるし、熱心なファンがいるので、どんな凡作であっても情報は残りやすい。しかし、ジャンルからハミ出した作品は、うまく話題になったり口コミに乗ったりすれば

『観光旅行』
《ハヤカワ・ノヴェルズ》は
知られざる傑作の宝庫

『蒸発』
函は作者の写真入り。
ポケミスは函付きを探せ！

ベストセラー、ロングセラーになるのだけれど、そうしたきっかけにめぐまれないと目につかないまま消えていくことになる。作品自体に魅力がなければそれでもいいのだが、なかには消えたままにしておくのは惜しいものもある。

そうした作品を古本屋や古書展で見つけるのが、ボクのひそかな楽しみだ。解説や惹句を頼りにして買うわけだが、そうやって見つくろった本が予想以上に面白かったときの喜びはなんともいえない。新刊でもそんな〝幸福な遭遇〟はあるにはあるが、古本のほうが偶然性・意外性が大きいぶんだけ、感動の深さもひとしおである。

さて、ボクが『観光旅行』を買ったのは、いまから十数年前。高田馬場駅前ビル「ビッグボックス」の古書展で見つけた。この古書展に出品しているのは早稲田の古本屋さんたち。なじみの顔（といっても、こちらが一方的に知っているだけなのだが）が、カウンターのうしろにひかえている。いまは「ビッグボックス」一階のコンコースを会場として毎月初旬の一週間ほどの開催だが、以前は五階だったか六階だったかの、広い催し物スペースでおこなわれていた〔註3〕。その隣が常設の卓球場で、球を打つカコンカコンという音を聞きながら、本を漁ったことを思いだす。『観光旅行』を買ったのもそのころだ。

さて、長いあいだ「積ん読」状態だったこの本が、いまになって突然、陽の目を見ることになったわけだ。ボクの読書というのは、たいていそんなふうだ。気まぐれで脈絡がない。

『観光旅行』なんてのんびりしたタイトルだが、冒頭からいきなり、「このあたりには恐水病にかかったイグアナがいるのでご注意」なんてアブない状況が持ちあがる。舞台になっているのは、サントマソという町。その響きと、作中の描写から南米の片田舎と察せられる。この場面の登場人物は、ツアー客のアメリカ人とガイドと運転手。しかし、ふつうの観光旅行にしては、なんだか様子がおかしい。サントマソのたたずまいも、あまり観光地らしくない。そのうえ、恐水病にかかったイグアナである。また、夜になると今度はホテルで一悶着がもちあがる。何者か（あるいは何物か）がホテルの敷地に侵入してきたのだ。ツアー客と守衛とが力をあわせ、ライフルでそれを撃退する。

ボクが大好きな小説のひとつの分野に「エンターテイメントとしての不条理小説」というのがある。もちろん一般に認められたカテゴリーではなく、勝手にそう名づけて喜んでいるだけなのだけれど。この分野での最高傑作は、カリンティ・フィレンツの『エペペ』（恒文社）だ。まだ新刊で入手できるはずなので、一読をおすすめする。ひょんなことから言葉の通じない国にまぎれこんだ言語学者の物語。幼いころ迷子になったときの、甘酸っぱく痺れるような心細さを味わうことができます。

『観光旅行』も、その「エンターテイメントとしての不条理小説」に分類できる。『エペペ』のような情感こそないけれど、そのかわり、じわじわと沁みるようなブラックユーモアがある。それだけではない。カタ破りの結末が用意されている。二段構えのおもしろさだ。

もう一冊、イーリイをおかわり

『観光旅行』のカバー袖には作者紹介があり、その末尾に「本書はすでに映画化が進められており、ユナイト映画から配給される」と書かれている。なるほど、映画化をあてこんだ翻訳だったのか。

……と、いったんは納得したものの、ボクが調べたかぎりでは、この作品が映画化された形跡がない。映画化の話が立ち消えになるというのはそう珍しいことではないので、そのクチだろうか。なにかご存知の方がいらっしゃったらご教示ください。

めぐりあわせというほどではないが、ボクが最初にデイヴィッド・イーリイの名を知ったのが、やはり映画がらみなのだ。

高校一年のとき、加納一朗『推理・SF映画史』（インタナル出版）という本が出版された〔註4〕。いまでこそSF映画に関する資料本は何種類も出ているが、その当時はそういったものが皆無に近く、映画雑誌〈ロードショー〉だったと思う）に綴じこみでついていたSF映画特集あたりで渇を癒すしかなかった〔註5〕。ボクが『推理・SF映画史』に飛びついたのは言うまでもない。その巻末にあったのが「日本公開推理・SF映画全作品年表」である。

そういったリストを前にすると頭から順番に追っていって、この作品は知っている、これは知らない、ふーん、これが映画になっているのか……などと、いちいちチェックしていくのがボクの習いだ。暗い趣味だとうしろ指をさされそうだが、そうバカにしたものでもない。それがきっかけになって、おもしろい作品に出逢うこともあるのだから。

その年表のなかに、『セコンド』〔註6〕というSF映画がリストアップされていた。聞いたことのない題名である。原作者は「デヴィッド・イーリー」（表記はリストのママ）。この名前にもなじみがなかった。映画が製作されたのは一九六五年、日本公開が七〇年となっている。こうして、ボクの頭のなかに『セコンド』という題名と、「デヴィッド・イーリー」という作家名が引っかかったのだ。

しばらくして神保町で〈SFマガジン〉のバックナンバーを十数冊まとめて買い〔註7〕、帰りの電車でパラパラめくっていると、そこに答（？）があった。石川喬司が書評のなかで、『蒸発』という作品を取りあげていたのだ。原題（*Seconds*）が併記されていたのが手がかりになった。翻訳が《ハヤカワ・ミステリ》（通称《ポケミス》）に収録されているとわかれば、探すのはむずかしくない。たぶん、その当時なら新刊でも買えたはずだけど、なにせ貧乏な高校生、古本屋を歩きまわって手に入れた。

原書発行が一九六三年。《ポケミス》版の奥付は、昭和四四年（一九六九年）二月十五日発行となっている。『観光旅行』の翻訳が出るわずか八か月前だ。訳者も同じ一ノ瀬直二。

さて、やっとめぐりあった本を手に入れただけで満足し、読まずに放っておくのが、ボクの悪い癖。買った本はかならず読むという習慣は中学卒業と同時に崩れており、この『蒸発』もじつに二十年以上「積ん読」状態になっていたのである。

『観光旅行』がおもしろかったので、あわてて『蒸発』も読んでみた。

失敗した！　こんなにおもしろいなら、二十年前に読んでおけばよかった。

『蒸発』のほうが『観光旅行』より、プロットはスッキリしている。《ポケミス》版の函にあしらわれた惹句によれば、「アメリカ版蒸発男の数奇な運命！　整形手術をし、完全にこの世から蒸発したはずの男にしのびよる、恐怖と戦慄の影！」。〝アメリカ版蒸発男〟とあるのは、この当時の日本で〝蒸発〟が大流行だったからだ。働きざかりのおとうさんが突然姿をくらませるというアレで、いまとなっては珍しくもなんともないが、当時は深刻な社会問題としてしばしばマスコミを騒がせたのである。

手に入らないとよけいに読みたくなる

『観光旅行』『蒸発』とつづけておもしろかったので、もっとイーリイの作品が読みたくなった。邦訳単行本はあと一冊、やはり早川書房の《ポケミス》に収録されている『憲兵トロットの汚名』(大庭忠男訳)である。この本は手元になかった。昭和四三年に出版されたきり重版されていないので、古本屋で探すしかない。こうなると、よけい読みたくなる。

古本屋をまわること一か月半。ついに大久保駅前の大型古本屋で『憲兵トロットの汚名』を見つけた。裏表紙や小口がちょっと汚れているが、喫茶店のモーニングサービスくらいの値段だったから、悪くない買いものだろう。しかし、探しはじめて一か月半で見つかったというのは、われながら運がいい。重版なしのミステリというのは、いざ探すとなるとなかなか見つからないのだ。古書価が高いコレクターズ・アイテムならその分野の専門店にいけばいいが、そういうマニアックな本でもない。ひたすら足で探すばかりだ。

しかも、この運のよさにはさらにオマケがあった。

それから約一週間後、日帰り出張で新幹線に乗ることになったので、車中でじっくり読もうと『憲兵トロットの汚名』をカバンにしのばせた。午前中に名古屋、夕方から神奈川県海老名市という連チャン取材である。名古屋への往路は仕事の資料を読むのにつぶしてしまい、帰りの新幹線で読みはじめ、三分の二くらいまで進んだところで、小田原で乗り換え。夕方のアポイントまで余裕があったので、駅から歩いて三、四分の古本屋に寄ると、棚に『憲兵トロットの汚名』があるではないか。

こういうときは天の配剤だと思って、もう一冊買ってしまう。カバンに入っているものより美本で、売り値は大久保のとおなじだから迷いはない。取材をはさんで小田急線のなかで読了。

『憲兵トロットの汚名』はイーリイの第一長篇（一九六二年）で、日本でも最初に翻訳された（『観光旅行』や『蒸発』のあとがきでも言及されている）。

主人公のトロットは、ヨーロッパに駐屯している米軍の軍曹。まじめにつとめていた彼だが、ちょっとした行き違いで脱走兵として追われる立場になってしまう。土地勘のないパリをさまよいながら、そもそもの原因をつくったマレイ軍曹をつかまえ汚名をそそごうとするのだが、はからずも得体の知れない犯罪組織に巻きこまれ、よけいに立場があやうくなっていく。

プロットの力強さでは『蒸発』にはおよばないし、『観光旅行』のようなブラックユーモアも希薄だが、わけのわからないまま事態が悪い方向へと進んでしまう展開は、デイヴィッド・イーリイの十八番。前二作にくらべると習作といったところだが、風変わりなスラップスティックだと思ってとりかかれば、そこそこ楽しめる作品である。

このほか、デイヴィッド・イーリイの長篇には、*Poor Devils*（1970）、*Walking Davis*（1972）、*Mr. Nicholas*（1974）、*A Journal of the Flood Year*（1992）があり、最後者は近未来を舞台にしたＳＦとのことである。いずれも未訳。うーん、原書で読むのはめんどくさいなあ。どこかで翻訳してくれませんか。

一方、短篇は〈ミステリ・マガジン〉〈EQ〉などに、けっこうな数が翻訳されているようす。しかたない、当面はこれらを探して読むことにするか。

〔註1〕 ジャンル・フィクション（SFや怪奇小説）を別の棚にしているのは、そのほうが整理がしやすいというだけの理由だ。早川書房の本を例にとると、《世界SF全集》や《海外SFノヴェルズ》があり、またカート・ヴォネガットのハードカバーもSFに含めているし、《ハヤカワ・ノヴェルズ》のなかのマイクル・クライトンやマーティン・ケイディン、いろいろな怪奇小説もまとめてジャンル・フィクションとして扱っている。このほか早川書房には、《異色作家短篇集》《ボリス・ヴィアン全集》《ブラック・ユーモア選集》といったジャンルからハミ出すシリーズもあるのだが、これらについてもボクの個人的な想いいれやその他の事情で、それぞれ別な書架に収まっている。《異色作家短篇集》は「お気に入り叢書」のコーナーに、《ボリス・ヴィアン全集》は「大好きな作家」の棚に、《ブラック・ユーモア選集》は「新書版の高さが収まる」書架に、といった具合だ。

〔註2〕 早川書房にはさまざまな全集・選集・叢書があるが、そのなかで《ハヤカワ・ノヴェルズ》は、映画化作品から冒険小説、主流文学さえ含んだ幅広いセレクションの叢書。あまりに範囲が広いので、逆にブランドイメージは希薄だ。版元としても叢書として打ちだす戦略でなく、個々の作品の内容と話題性で売ろうという姿勢だろう。ときどき『観光旅行』のような、風変わりな作品が紛れこむので油断（?）できない。

〔註3〕 さらにその以前（今から十五年くらい前?）は、やはり一階コンコースが会場だった。開場は十時なのだが、常連は三十分以上前から出かけてくる。品物が並べてある棚やワゴンは、時間がくるまではシートでおおわれているのだが、それを勝手にめくっては古本屋さんにたしなめられる客が毎回何人かいた。えっ、ボクですか。そんなことはしませんよ。めくっている人の横からのぞきこむだけです。

〔註4〕 『推理・SF映画史』は昭和五十年にインタナル出版から刊行され、その後、昭和五五年に双葉社から、さらに昭和五九年に朝日ソノラマから、増補版が刊行されている。

〔註5〕 『推理・SF映画史』に先立つものとしては、〈キネマ旬報〉の臨時増刊として昭和四四年に発行された『世界SF映画大鑑』が

ある。監修は大伴昌司。しかし、これは当時すでにプレミア価格がついており、高校生のボクには手が出なかった。現在では、『大伴昌司コレクション』として、キネマ旬報社から復刻されている。

〔註6〕映画『セコンド』では、主役をロック・ハドスンが演じた。ボクは映画を見ていないのだが原作を読むかぎりでは、たしかにロック・ハドスンのイメージはぴったりである。

〔註7〕〈SFマガジン〉のバックナンバー集めは、当時のSFファンにとって、ほとんど「本能」的行為だったと思う。SFについての情報が少なかったから、広告やお便り欄まで舐めるように読んだものだ。

第14章　《新編・異色作家短篇集》を夢見ながら

懐かしのジェラルド・カーシュ

《異色作家短篇集》に対して愛着をもっているのは、ボクばかりではない。たとえば、大ヒット中のアンソロジー・シリーズ《異形コレクション》（廣済堂文庫、平成十年より）の監修者である井上雅彦は、その第一巻『ラヴ・フリーク』の「編集序文」のなかで、次のように語っている。

私が愛してやまない宵闇色の影を落とした本たちには、かつて、さまざまな名前がありました。怪談、怪奇と幻想、怪奇探偵小説、恐怖小説、異色作家短篇……。
とりわけ、「異色作家短篇集」のシリーズが一世を風靡した時代がありました。ホラー、ファンタジー、SF、ミステリ、幻想小説……そして、それらのトワイライトな境界に位置する《奇妙な味》の短篇小説群。

この一節を読んだときは嬉しくて、思わず「友よ！」と駆けよりたくなってしまった（井上さんは迷惑でしょうが）。

さまざまなタイプの日本人作家を起用したオリジナル・アンソロジー《異形コレクション》が、井上雅彦なりの《異色作家短篇集》へのオマージュだとしたら、ボクはジャンル横断的に海外作家を集めて、《新編・異色作家短篇集》を編んでみたい。といっても、たんに企画を考えては楽しんでいるだけですが。そこらへんが、井上氏とボクの実行力の違いである。

しかし頭のなかで考えているだけなので、かなりムチャな構想をふくらませることが可能だ。原則は未訳を中心とした短篇集で、年代もジャンルも不問で「これぞ異色作家」という顔ぶれをならべる〔註1〕。一作家で一巻、やはり十八冊くらいのシリーズにして、本家にならって最終巻だけアンソロジーにしてもいい。……プランはいろいろあるけれど、絶対に抜かすことができないのがジェラルド・カーシュ〔註2〕である。

カーシュ？　それ、誰？　という人も多かろう。あるいは、あなたがボクと同世代のSFファンなら、この名を懐かしく想いだすかもしれない。かつてSF&ミステリ専門誌〈奇想天外〉で特集が組まれているし、ジュディス・メリル編の『年刊SF傑作選』（創元推理文庫）にも作品が収められている。邦訳短篇集がふたつあるが、あとに出たほうの『冷凍の美少女』は、SFやホラーを集めた《ソノラマ文庫・海外シリーズ》の一冊だ（小川隆・他訳、昭和六十年）。

もっともカーシュの活躍舞台は、〈サタデイ・イヴニング・ポスト〉〈エスカイア〉〈プレイボーイ〉といったスリックマガジンが中心で、SFやホラーといった特定のジャンルに属する作家ではない。また、短篇は怪奇・幻想的なテイストのものが多いものの、長篇になるとその逆で、スーパーナチュラルな要素を含んだものはほとんどない。

〈奇想天外〉のカーシュ特集（昭和四九年九月号）では、一挙五篇が訳出され（といっても、それぞれが短いので全部あわせても二十数ページ）、次のような解説が付されている。

「〝悪魔の王子《ディーモン・プリンス》〟を打ち負かすことが絶対に不可能であるという事実に、いずれ、誰かが気がつくにちがいない。やつは魔術を使っているのだ。この世の人間で、あれほど巧みにものを書ける人間はいない」

一九六八年にジェラルド・カーシュの短篇集 *Nightshade & Damnations* を編集したハーラン・エリスンは、編者序文の結文を手放しの賛辞で結んでいます。この年は、英国生まれのカーシュが五十代半ばでこの世を去った年でもありました。

（略）あり得べからず奇想天外な話を、独自の話法によって読者に信じこませるカーシュの確かな語り口を、エリスンは口惜しまぎれに、〝魔術〟と形容したのでしょう。SF、スーパーナチュラル、怪奇、風刺、クライム、サスペンスと、気のおもむくままにカーシュが語り継いできたユニークな説話の数々は、きっと〝悪ずれした〟あなたの心を魅きつけるにちがいありません。

〝カーシュランド〟へようこそ！

こんなところで翻訳されていたとは

〈奇想天外〉に掲載されたのは、「骨なし族」「破滅の種子」「恐怖の人形」「凍れる美少女」「たましい交換」。この特集と、『年刊SF傑作選』の第三巻と第四巻に収録された「不安定金庫」「カシェルとの契約」ですっかり味をしめたボクは、ほかの翻訳を捜しまわった。しかし、これがぜんぜんないんですね。〈ミステリ・マガジン〉には何作か載っているらしいのだけど、当時中学三年生の身には、そのためだけにバックナンバーを買い集める余裕はなかった。

そんなおり、SFファンの先輩から譲ってもらったフレデリック・ポール編のオリジナル・アンソロジー *Star Science Fiction Stories No.3* に、カーシュの "Whatever Happened to Corporal Cuckoo?" が載っているのを見つけ、辞書を引きひき読んでみた。短篇といっても長めの作品だったし、さすがに中学生にとっては手ごたえがあったけれど、ヒマにあかせてどうにか読み通すことができた。

語り手はヨーロッパからアメリカにむかう客船のなかで、傷だらけの男に出逢い、その数奇な運命を聞かされる。男は十六世紀の生まれで、トリノの闘いに参加し脳味噌が流れだすほどの重傷を負ったという。その治療のときひょんな偶然があって、不死を獲得してしまった……。語り手と粗野な男

〈奇想天外〉'74年9月号
カーシュ特集の号。
楽しい企画がいっぱいで
オモチャ箱のような雑誌だった

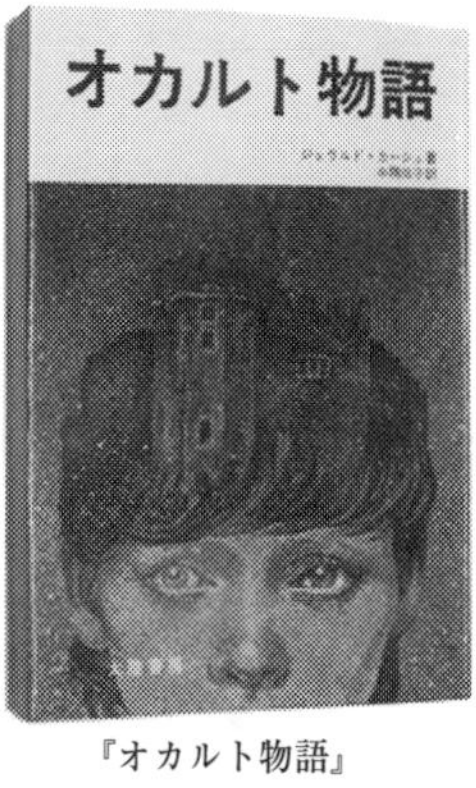

『オカルト物語』
大陸書房の本は古本屋によくころがっているが、
この本は見つけにくい

の会話がテンポよく、謎めいた結末もおもしろかった。

この作品を読んだときは、こんなにイケる作家なのだからドンドン翻訳するべシ、短篇集を出すべシ、などとひとり興奮していたのだが、なんのことはない、〈奇想天外〉で特集が組まれた時点で、すでにカーシュの短篇集が一冊翻訳されていたのだ。ボクはいっしょうけんめい捜したつもりだったが、そこはガキのやること、疎漏《そろう》なのである。もっとも〈奇想天外〉編集部――つまりプロですね――さえ気づかなかったのだから、しかたあるまい。〈奇想天外〉に掲載された五篇は「本邦初訳」というふれこみだったが、「骨なし族」以外の四篇は、短篇集のほうで先に翻訳されていたのだ。

問題の短篇集とは、『オカルト物語』(中隅祐子訳、大陸書房)。奥付によると昭和四九年四月七日の発行だ。カーシュの特集をした〈奇想天外〉が四九年九月号、実際に店頭に並んだのが七月末だから、わずか四か月ほどの差である〔註3〕。

まあ、わずか四か月とはいっても、月刊誌の編集サイクルからいえばじゅうぶんな期間であり、しかもSF・ミステリ専門誌の編集部がその守備範囲にある出版物を見のがすというのは、ふつうならちょっと考えられない。ところが、このカーシュの短篇集、「ふつう」じゃないのである。七〇年代の大陸書房といえば、UFO・四次元・超常現象・超能力・失われた大陸ものをバンバン出していた。いまでも古書店の店先で、B六判ソフトカバーの『ムー大陸のナントカ』とか『テレパシーのカントカ』とかいうタイトルの本をよく見かける。問題の短篇集も、そのシリーズと同じ体裁で出版されたのである〔註4〕。書店の棚では、『心霊がドーシタ』『アトランチスがコーシタ』と一緒に並べられていたはずだ。なにしろタイトルからして『オカルト物語』だし、本のつくりも怪奇実話めいている。

これじゃ、見すごしてもしかたない。

実際、それから数年後、ボクは古書店の店頭のワゴンに放り出されているこの本を見つけ、「えっ、あのジェラルド・カーシュか！」とあわてて手にとったまではいいが、パラパラめくって「なんだ違うジェラルド・カーシュがいるのか」と、がっかりして戻したこともある。あとになって「もしかすると、やっぱりあのジェラルド・カーシュかな？　カーシュなんて名前、そうそういないものな」とちょっと気になったものの、どのみち怪奇実話なら要らなかった〔註5〕。

本を手にしたとき、じっくりと確かめれば、これが小説であり、あのカーシュの作品であることがわかったはずだ。先ほどふれたように〈奇想天外〉に掲載された四篇が収録されているから、内容でピンときたはずである。

もっとも大陸書房としては、これを小説として売る気はさらさらなかったらしい。あとがきも解説もついていないので真意のほどはわからないが、少なくともこの本のどこをひっくりかえしても小説であるとは書かれていない。そのうえ、原作にはない中見出しを勝手に挿入しているのである。だいたい「死を呼ぶ宝石」「生きていた化石」「不吉な誕生日」という題名からして、いかにも安っぽい怪奇実話の匂いがする。

原書名の表記はどこにもないが、カーシュの著作リストとつけあわせてみると、一九五八年にアメリカで出版された *On an Odd Note* の翻訳であることがわかった。全十二篇、原書の配列どおりに訳出されている。

やっぱり解せない『オカルト物語』

それから約十年後、ソノラマ文庫《海外シリーズ》のラインナップにカーシュがあがったことがきっかけで、ふたたびボクの視野に入ることになる。ソノラマのシリーズは仁賀克雄の監修によるもので、翻訳は仁賀氏のほか、若手の翻訳家が起用された。カーシュの巻は何人かの分担作業になり、そのなかでの取りまとめ役であった小川隆さんから、「むかし大陸書房で出ていたカーシュの本をもっていない?」と、ボクに問い合わせがあったのである。翻訳の参考にするためもあったろうが、それよりも仁賀さんが解説を書くにあたって目を通しておきたいということだったかもしれない。オカシナ本をたくさん集めているマキなら持っているのではないかと、小川さんは思ったのだろう。

小川さんの話によれば、『オカルト物語』はれっきとした小説らしい。それならばと、すぐに古本屋をまわりはじめる。その当時、大陸書房のシリーズはどこの古本屋でも数冊転がっていたし、値段もコーヒー一杯分かラーメン一杯分程度だった。しかし、いざ特定のタイトルを捜すとなると、なかなか見つからないのである〔註6〕。けっきょく時間切れで、小川さんの役に立つことはできなかった。

ボクがようやく『オカルト物語』を手に入れたのはそれから約一年後のこと。見つけた場所は、祐天寺のK書房。社会科学などカタ目の品揃えがしっかりした古書店なので、いいかげんな本(大陸書房さん、ゴメンナサイ)は安い。おおよそ学食の一番高い定食くらいであった。メデタシメデタシ。

収められている作品は、ミステリあり、ホラーあり、SFあり、またストレートなアイデアストーリーあり、ヒネリの効いた奇妙な味ありと、じつにバラエティ豊かだ。共通するのは、読者をアッといわせようというカーシュの狙いと、それを支える語りの巧みさである〔註7〕。

祐天寺で『オカルト物語』を見つけてから二、三年後、早稲田・穴八幡の青空古本市で二冊目を入手した。こちらにはコシマキがついており、その惹句にいわく、〔近代文明の暗部オカルトの世界！死を呼ぶ宝石、悪魔のトリック、超能力者の大予言、人形の呼ぶ声、一秒を買った男など、不気味なオカルトの深奥を照射する〕。……いやはやナントモ。どう見ても怪奇実話の路線である。ちなみに「死を呼ぶ宝石」から「一秒を買った男」まで、すべて収録作品の題名。こうやって並べるだけで、あやしげなオカルト本の惹句に使えるのである。まあ、原題名もそれほど格調が高いわけではないけど、邦題はさらに輪をかけている。

コシマキのB面というか、本体の裏表紙のかかる部分には、《失われた大陸シリーズ》《オカルト・四次元シリーズ》の既刊分の題名がずらりと揃い踏み。さらに見返しの部分には、小さな活字で「世界のノンフィクションNo.176」の文字が。大陸書房の出版物はジャンルごとに、《奇談》《世界の秘境》《ショッキング》などのサブシリーズに分かれており、それを束ねて《世界のノンフィクション》と呼んでいるのである。そして『オカルト物語』は、その百七十六冊目というわけだ。けれど、ノンフィクションじゃないだろう、ノンフィクションじゃ。

このコシマキの文字から、この本が怪奇実話の路線を狙って出版されたことがはっきりとした。いや、ひょっとすると、翻訳作業に入る前、つまり原書を手にした段階から怪奇実話だと思いこんでいたのかも。そうだったらスゴイなあ〔註8〕。

〔註1〕　ちなみにもともとの《異色作家短篇集》では、エイメとランジュランがフランス、そして、ダール、コリア、デュ・モーリアがイギリス（ただしコリアはアメリカ生活が長い）、ほかはすべてアメリカ勢である。

〔註2〕　カーシュは一九一一年、イギリスのミドルセックス州の生まれ（一説にはロシア生まれとも）。五九年にアメリカに帰化している。三回結婚して二回離婚。六八年没。パン屋、ナイトクラブの用心棒、フィッシュ・アンド・チップスの調理人、レスラーなど、職業を転々としながら小説を書き、三四年、処女長篇 *Jews Without Jehovah* を上梓。第一短篇集 *I Got References*（三九年）によって怪奇作家としての腕前を披露。四〇年代前半には、陸軍関連の映画制作に携わったり、雑誌記者として活躍したりしている。戦後はアメリカにわたって執筆に専念。生涯にわたって二十冊ほどの長篇、十数冊の短篇集を残している。五八年には、前年に発表した短篇「壜の中の謎の手記」"The Secret of the Bottle" でエドガー賞を受賞（ビル・プロンジーニ編『エドガー賞全集・上』〈小鷹信光・他訳、ハヤカワ・ミステリ文庫、昭和五八年〉に収録）。長篇 *Night and City*（四六年）が、五〇年にジュールス・ダッシン監督で映画化されている。日本公開時の題名は『夜の野獣』。これをリメイクしたのが、九二年のアーウィン・ウィンクラー監督の『ナイト・アンド・ザ・シティ』、ロバート・デニーロが主演した作品である。

〔註3〕　この当時の〈奇想天外〉の版元は、すばる書房盛光社。この雑誌は休刊・復刊を繰り返したが、その三期目（いまのところ最後）の版元が、なんと大陸書房なのである。カーシュが取りもつ奇縁である（んなワケないか）。

〔註4〕　大陸書房がこの当時出版したB六判ソフトカバー・シリーズのなかで、要チェックは、『オカルト物語』以外に、福島正実『SFの眼』（昭和四八年）、コナン・ドイル『神秘の人』（小泉純訳、昭和四八年）、L・スプレーグ・ド・キャンプ『幻想大陸』（小泉源太郎訳、昭和四九年）の三冊。『SFの眼』は、福島正実が得意としたテーマ別のSF解説書。「SF文明論ノート」という副題が示すように、SF作品の紹介だけではなく、現実の科学技術や社会なども視野に含めつつ、文明批判を展開している。『神秘の人』は、妖精や心霊の存在を信じたドイルがその実例を示すために書いたもの。いわゆるトンデモ本に属するが、あのドイルの著作であるから見のがすわけにはいかない。それにしても、『オカルト物語』もそうだが、この本には原題名の記載がどこにもない。そうしたいいかげんさが、大陸書房のシリーズのアヤシゲな印象を強めている。『幻想大陸』は、アトランティスを中心に、ムーやレムリアなどの失われた大陸に関する伝承を集成していたもの。懐疑的な姿勢が貫かれたマトモな研究書である。この本はのちに、『プラトンのアトランティス』という題名で再刊されている（角川春樹事務所・ボーダーランド文庫、平成九年）。再刊で

は著者名がライアン・スプレイグ・ディ・キャンプとなっているが、こちらのほうが一般的な表記である。ディ・キャンプは、『闇よ落ちるなかれ』(岡部宏之訳、ハヤカワ文庫SF、昭和五二年)など、SF作品も数多く書いている。

〔註5〕いまならばちょっとでも興味に引っかかれば、なんでも買ってしまう。たとえ同名異人のジェラルド・カーシュでも、怪奇実話でも、「ジェラルド・カーシュという作者名がついている本」というだけで買う。そんなふうだから一生読まないであろう本が増えていくのだ。

〔註6〕発行部数の関係かどうかはわからないが、『オカルト物語』はほかの大陸書房シリーズにくらべると、古本屋でもあまり見かけない。それ以上に見かけないのがドイル『神秘の人』である。ド・キャンプ『幻想大陸』は比較的よく見る。もっとも、これはあくまでもボク個人の経験則にすぎず、そのまま稀少性ということにはならない。

〔註7〕〈奇想天外〉の特集にも『冷凍の美少女』にも入っておらず、『オカルト物語』でしか読めない作品が六篇ある。

〔註8〕念のためにつけ加えておくと、翻訳そのものは悪くない。原文の語順に引きずられているような箇所も残っているが、全体としてみれば読みやすい日本語になっている。

第15章　忘れられた作家、モーリス・ルヴェル

〈新青年〉を飾った〝残酷物語〟

前章で取りあげたジェラルド・カーシュは広く知られてはいないとはいえ、いまでもときどき――ホントにときどきだけど――〈ミステリ・マガジン〉に翻訳が載ったりする。一方、これから紹介するモーリス・ルヴェルは、それこそ忘れられた作家である。

ルヴェル作品の翻訳のうち、いま簡単に手にはいるのは、中島河太郎編『新青年傑作選第四巻　翻訳編』（立風書房、平成三年）〔註1〕に収録されている「或る精神異常者」と「生さぬ児」くらいだろう。どちらも戦前の〈新青年〉に載った翻訳の再録で訳者は田中早苗。「或る精神異常者」は、日影丈吉編『フランス怪談集』（河出文庫、平成元年）にも再録されている。フランスの怪奇小説・幻想小説を集めたアンソロジーは、これまで何種類も出ているが、ルヴェルの作品が収録されているのは、どうやらこれだけらしい。

たしかにルヴェルの作品には、スーパーナチュラルな要素は希薄だ（皆無というわけではない）。どちらかといえば、悲惨で残酷な話をショートショートふうに仕あげたものが多い。『フランス怪談集』のあとがきとして寄せた「フランス怪奇小説瞥見」のなかで、日影丈吉はルヴェルについて次の

ように語っている。

モーリス・ルヴェルは以上あげた作家達とは、すこしジャンルが違って、おもしろいことに日本では、推理作家に親しまれ愛好されている作家である。短篇集が二冊あり、そのうちの一冊を戦前の「新青年」で、田中早苗さんが翻訳紹介してから、愛読者が多くなった。彼の短篇は日本の推理作家の短篇に、どこか似通ったところがある。私は『夜鳥集《オワゾー・ドニュイ》』の巻頭の一篇、霧のたちこめた夜毎、小さな医院に通う青年が、書架の上の頭蓋骨に心を惹かれ、やがてそれが断頭台にかけられた、父親の頭の骨だとわかる、という話が好きで、これを本に載せたいと思ったが、これも手に入らなかった。

ルヴェルの作品が〔日本の推理作家の短篇に、どこか似通ったところがある〕という指摘は興味ぶかい。猟奇感覚や怪奇趣味ということだろうか。ちょっと調べてみたところ、ルヴェルは一八七五年生まれで一九二六年没、オクターヴ・ミルボーと並び〝コント・クルウェル〟と呼ばれる潮流の代表的存在だったということがわかった。〝コント・クルウェル〟という名称は、ヴィリエ・ド・リラダンの短篇集『残酷物語』（一八八三年）に由来するそうだ。

ミルボーやヴィリエ・ド・リラダンといえば、日本の読者にも比較的耳慣れた名前だろう。さらにつけ加えれば、ヴィリエは、ヴォルテールによってフランスに紹介されたエドガー・アラン・ポオの影響を受けている。どうです、こうして補助線を引いてみると、ルヴェルの作品のイメージが浮かんできたでしょう。

おもしろさのあまり電車を乗りすごす

ボクがルヴェルを意識しはじめたのは、そんなに昔のことではない。創土社から出ている、中島河太郎編『ルヴェル傑作集』(昭和四五年)を古本屋で手に入れてからだ。

創土社といえば、『ホフマン全集』や《ブックス・メタモルファス》など、怪奇・幻想小説を数多く送り出している出版社である。ラテンアメリカ文学が日本でブームになる前に、アレホ・カルペンティエールを紹介したのも、創土社だった。またしても昔話になってしまうが、創土社の函入りでしっかりした装幀の単行本は、十代のころのボクにはさすがに敷居が高かった(格調の面でも価格の面でも)。それでも大好きなロード・ダンセイニは背伸びをして買ったし、ラヴクラフトやC・A・スミスなど〈ウィアード・テールズ〉系の作家の本を中心に、古本屋で見つけては手に入れていた。あとまわしになったのは、サキやビアスなどほかでも読める作家、それに幻想味の薄い作家である。ルヴェルという名にはなじみがなかったし、推理小説の部類だと思って手を出さなかった。

『ルヴェル傑作集』と対になるようなかたちで、やはり中島河太郎編の『ビーストン傑作集』(昭和四五年)が創土社から出ている。ルヴェルもビーストンも戦前の〈新青年〉に訳出されて人気を博した作家であり、この二冊の傑作集はいわば名作リヴァイバルとして企画されたのだ。ボクは先に『ビーストン傑作集』を手に入れて読んだが〔註2〕、素直な探偵小説という印象しか得なかった。そそっかしいボクのこと、ルヴェルも同様だと決めつけてしまったのだ。加えてフトコロ具合の事情もある。『ビーストン傑作集』もそうだが、『ルヴェル傑作集』はとうに版元品切れになっており、古本屋によっては定価の倍以上の値をつけているところもあった。そこまでムリして買うことはないやと思ったのである〔註3〕。

そんないきさつがあって、結局『ルヴェル傑作集』を手に入れたのは四、五年前のことだ。西荻窪南口にT堂という、こざっぱりした古書店がある。ここの棚で見つけたのだ。函もコシマキもパラフィン〔註4〕もついたきれいな本で、値段も定価の何割か増しくらい。これなら、たとえ作品がつまらなくてもOKである。とりあえず創土社の本というだけでも、手元においておきたい。

帰りの電車でさっそくページをめくる。適度に空いた車内は読書には最適の環境である。

失敗した！　こんなにおもしろいなら、もっと前にムリしてでも買っておけばよかった（こればっ

『ルヴェル傑作集』
粒ぞろいの作品集。
古本屋で見つけたら迷わず買うこと

『夜　鳥』
大枚をはたいて目録買いした本。
それだけの価値はありました

かりだな)。

〝コント・クルウェル〟の流れでミルボーやヴィリエ・ド・リラダン、あるいはさかのぼってポオになぞらえられたり、また〔フランスのサキと呼ぶこともできるだろう〕〔註5〕とも言われるルヴェルだが、ボクが連想したのは、まず、フランスの作家兼マンガ家、ローラン・トポールであり、それからイタリアの幻想小説家ディーノ・ブッツァーティだった。残酷でクールなところはトポールに似ており、暗く沈んだ筆致はブッツァーティに通じるものがある。

ブッツァーティを思い起こしたのは、この短篇集の冒頭に収められた「ペルゴレーズ街の殺人事件」(田中早苗訳)の舞台が列車のなかだったせいもある。ブッツァーティに「なにかが起こった」という傑作があり、これも列車の内部だけで物語が進行する〔註6〕。外の世界でまがまがしい事件が起こり、語り手は急行列車のなかでそれに想いをめぐらせている——というシチュエーションも共通だ。猛スピードで走りつづける閉じた空間、その閉塞感が切々と伝わってくる。

ブッツァーティの作品では〝外の事件〟というのが、どんなものかわからないまま進行中であり、列車に乗っている人間はそれと切り離されて、ただ車窓から外をうかがうばかりだから不安がつのっていく。それに対し、ルヴェルの作品では〝外の事件〟が何かははっきりしている。少し前に起きた殺人事件だ。乗客たちは新聞記事を読みながら、事件について勝手なおしゃべりをしている。自分たちには無関係だと思っているが、じつは……というのがこの作品の趣向である。もちろん、犯人が同じ列車に乗っていましたというだけの、芸のないオチではありませんよ。もっと後味が悪く、不気味な結末が待っている。

走っている列車のなかという平凡な設定を、最後まで効果的に使っている。なにげなく書かれているように見えながら、すみずみまで計算がいきとどいている。

そんなふうにルヴェルの腕前に感心していたら、降りる駅を見すごしてしまった。そう、ボクは電車のなかで本を読んでいたのだ。〝外の出来事〟をすっかり忘れて、ルヴェルの作品にのめりこんでしまったというわけ。読書経験としては幸福だが、日常生活的にはあまり喜ばしいことではない。

『夜鳥』はいずこ

『ルヴェル傑作集』の収録作品は全部で二十五篇。『新青年傑作選』に採られた「或る精神異常者」と「生さぬ児」も、この短篇集に入っている（前者は「ある精神異常者」と題名表記が変更）。巻末に付された収録作品一覧によると、〈新青年〉に載ったものが十六篇、別な雑誌に載ったものが二篇、残り七篇は、昭和三年に刊行された単行本『夜鳥』に訳出されたものだという。この『夜鳥』というのは、日影丈吉の文章にあった『夜　鳥　集《オワゾー・ドニュイ》』の翻訳書だろうか。

こうなったら次にやることは決まっている。その『夜鳥』を探すのだ。しかし、戦前の出版物となると、そう簡単にはいかない。どんな体裁なのかもわからないし、版元も不明だ。国会図書館にでもいって調べればわかるかもしれないが、まあ、当面はそこまでするほどのことはないだろう。ボクの場合、こんなふうにして捜している本がつねに百や二百はあり、そのほとんどがすぐに必要というわけではなく、そのうちに手に入ればいいやくらいの気持ちでいる〔註7〕。

それからは古本屋めぐりするときも古書展でも、『夜鳥』が出てないか意識して見るようになったけれど、かすりもしない。ボロボロになった本でも、あるいは高くて手が出ない場合でも、とりあえず姿が確認できればいいのだが、そういうことすらない。

そのうちに、東京創元社《世界大ロマン全集》のジュール・ヴェルヌ『八十日間世界一周』(江口清訳、昭和三二年)に、オマケのようなかたちで「モーリス・ルヴェル短篇集」(田中早苗訳)と銘打って十四篇が収められていることがわかり、これで少し渇が癒えた。創土社版に入っていない作品が三篇あったのだ。しかし、この《世界大ロマン全集》、函にも表紙にも本扉にも、ルヴェルのルの字も出ていないんだものなあ。これじゃ一冊まるまるヴェルヌみたいじゃないか(さすがに目次と奥付にはルヴェルの名が明記してありますが)。挟みこみのしおりに掲載された「編集部だより」のなかには、次のような文章がある。

さて、ヴェルヌの長編を賞味した後の食後のブドー酒として、ルヴェル傑作短編の辛口の味はいかがでしょうか。この特異な作風の短編の名手をあらためて広く鑑賞して頂きたいと思い、あえて本全集に収録致しました。

おなじフランスの作家だから抱きあわせにしたのだろうけど、ヴェルヌとルヴェルじゃだいぶ傾向が違うよねえ。もっともボクのようにヴェルヌ大好き、ルヴェル好き好きというヒトもいるから、これでいいのかもしれない。しかし、食後のブドー酒くらいじゃモノたりないのである。もっとルヴェルが読みたい。ますます『夜鳥』を手に入れたくなってしまった。

待てば海路の日和あり。去年のこと、推理小説・大衆文学にめっぽう強い古書店・H文庫が送ってくれた目録に、『夜鳥』が出品されていたのだ。それなりの値段だが、なんとかならない金額ではない。この機会を逃すときっとあとで後悔する。すかさず注文をした。ちょうど原稿料が入ったばかりだったので支払いは問題がない〔註8〕。不安なのはほかから注文があり、抽選となった場合だ〔註9〕。結果がわかるまでヤキモキする日が続く。

注文を出してから約十日後、本が到着。ホッと一息。代金を振りこめば自分のものだ。

戦前版でしか読めない作品は？

『夜鳥』の版元は、戦前の大出版社のひとつ春陽堂。奥付によると昭和三年六月二三日の発行。函に入っており、本自体はフランス装ふうの、すっきりとしたつくり。マージンを広くとってあるところもフランス装っぽい。函と表紙は同じデザインだが、函には「探偵小説」と角書きが入っており、表紙にはそれがない。また本扉には「短篇集」とある。短篇集であることはまちがいないが、探偵小説というのはどうだろう。シャーロック・ホームズやエルキュール・ポアロのような探偵が登場する作品は一篇も収録されていないし、謎解きの要素もほとんどない。まあ、「探偵＝事情を探る」という意味にとれば、ごくごく広義の探偵小説といえなくもないが。

創土社の『ルヴェル傑作集』のほうは、何人かの訳者による翻訳を収めていた（すべて戦前に訳されたものの再録）が、『夜鳥』は田中早苗の個人訳である。もともと〈新青年〉誌上でルヴェルを紹介しはじめたのも田中早苗であり、ルヴェルに関する日本における第一人者だったといってよかろう〔註10〕。

田中が書いた「序」によると、『夜鳥』は〔〝L'Oiseaux de Nuit〟《ロアゾオドニュイ》から十六篇と、他の集や雑誌に掲載されたもの、中から十四篇と、都合三十篇を選抜した〕とのこと。また、日影丈吉はルヴェルの短篇集は二冊といっていたが、この「序」に掲げられた著作一覧では、「コント集または連続コント集」が四冊、「中篇集」が二冊ある。さらに「長篇」も十二冊あり、とくに短篇型の作家というわけではないらしい。

ボクが気になったのは、『夜鳥』と『ルヴェル傑作集』とのあいだで収録作品がどれほど重複しているかということだった。せっかく大枚をはたいたのだから、『夜鳥』だけでしか読めない作品があってほしい。それが人情というものである。目次をつき合わせてみると、『ルヴェル傑作集』との重複は十九篇。残り十一篇のうち三篇は、前述した東京創元社《世界大ロマン全集》で読めるから、それを差し引いた八篇が『夜鳥』だけで読める作品である〔註11〕。まあまあの割合といえるだろう。

逆に『ルヴェル傑作集』に収録された田中早苗訳については、「ラ・ペル・フィユ号の奇妙な航海」をのぞいて、すべて『夜鳥』に入っている。「ラ・ペル・フィユ号の奇妙な航海」は、『夜鳥』が刊行されたあと、昭和三年十月号の〈新青年〉に訳出されたものだ。そのほか『ルヴェル傑作集』には、田中早苗以外の訳者の手によるものが五篇収められている。

『夜鳥』の収録のなかでとくにおもしろかったのは「誰？」という作品〈東京創元社《世界大ロマ

ン全集》にも収録されている)。じつはこれが、日影丈吉が当初『フランス怪談集』に収録したいと考えていた『夜鳥集』の巻頭の一篇、〝書架の上の頭蓋骨〟の物語なのだ。日影の記憶によれば、主役となるのは［夜毎、小さな医院に通う青年］ということだったが、実際の視点人物はその医院の医者である。

「私」(医者)は髑髏に惹かれ、それが肉をまとっていたときの様子を思いうかべてみる。怪奇小説ふうのはじまりかたである。しかし髑髏が動き出したり、主人公の精神がおかしくなったりという話ではない。それから四、五日して、「私」は街でひとりの青年とすれちがうのだが、どうもその顔に見覚えがある。どこかであったかなと考えるのだが思い出せない。そんなことがあって数日後、その青年が「私」の医院にやってくる。青年の顔をまじまじとながめているうち、「私」は、そうか、書架のうえの髑髏に似ているのだと思いあたる。しかも、ただ似ているだけではなく、まったくそっくりなのだ。そんなことはつゆとも知らない青年は、「私」に対して、自分はちょっとしたことでもすぐカッとなってしまうたちで、しかも歳をおうごとにその気質が強くなっており、このままでは心身ともに壊れてしまう、どうにかなりませんかと相談を持ちかける。話を聞いているうちに、青年の神経症状の原因は幼いころに父親をなくしたことにあることがわかってくる。父はギロチン台で斬首されたのだ。青年が帰ったあと、髑髏を手にとってみると、それまで見すごしていたある特徴に気づいた……。

けっきょく真相は明かされぬまま、不思議な余韻を残してこの物語は幕を閉じる。ルヴェルには、スッパリと無惨な結末がついてしまう作品のほうが多いけれど、本作のような宙ぶらりんの終わりかたのほうが印象に残る。底気味というやつだ。
ルヴェルについてはもう少し知りたいと思うのだが、なにしろフランスの作家なのでボクの能力ではじゅうぶんな調べもできない。インターネットで、フランスの新刊書店のストックリストを検索してみたが、現時点で入手可能な単行本はないようだ。
この原稿を書いている最中に古書展の目録で、《博文館文庫》の『青蠅』(田中早苗訳、昭和十四年)を入手したが、これは『夜鳥』から二篇をのぞいた文庫化だった。そのうちの一篇「麦畑」は『ルヴェル傑作集』で読むことができる。つまり、『青蠅』と『ルヴェル傑作集』を持っていれば、『夜鳥』収録三十篇のうち二十九篇までは読めるということだ。また、『夜鳥』に付された田中早苗の「序」も、半分ほどに省略されたかたちではあるが、『青蠅』に「ルヴェルとその作品」と改題され再録されている。

〔註1〕 立風書房の『新青年傑作選』は最初、昭和四五年に全五巻で刊行された。現在は新装版で入手できる。

〔註2〕 手元にある『ビーストン傑作集』を見ると、裏表紙の見返しに、札幌の古書店のシールが貼ってある。北海道に取材にいったときに求めたものだ。編集プロダクションに勤めはじめたころだから、かれこれ十二、三年前のこと。ススキノに繰り出そうと言いつのるカメラマンを振りきり、夕暮れの街を古本屋を求めて歩いたことを思いだす。

〔註3〕 定価の倍だとすると千五百円程度、三倍でも二千数百円。出版時点からの物価上昇率を考えれば、けっしてベラボーな値ぶみではない。しかし、この当時のボクは「古本は安く買うものだ」という意識ばかりが先行していた。

〔註4〕 函やコシマキはともかく、ボクはパラフィンについてはこだわらない。あまり意味がないと思うからだ。目録などで「元パラ」という記載を目にする(発行時に出版社がつけた、元のままのパラフィンという意味である)。出品のコンディションを詳しく説

明するのはけっこうなことだが、「元パラ」なのか、それとも「後パラ」ないし「贋パラ」か区別するのはむずかしいのではないか。パラフィン紙は文房具店や画材屋で簡単に手にはいるし、本にあった大きさにあつらえるのはぞうさもない。……と言ってはみたものの、デパートの古書展などの精算時、不慣れな店員にパラフィンを破られたりするとムッとしてしまいますが。

〔註5〕 引用した表現は、『ビーストン傑作集』の奥付広告として掲載された近刊予告の一部。この時点では『ルヴェル選集』という題名になっている。この広告からもうすこし引用してみよう。〔(ルヴェルの作品は)風刺すらひそんでしまった冷酷無惨さをもっている。それでいながら、その底からただよってくる文学的香気は、たしかにフランス的なものである〕。なにやら凄まじそうである。あーあ、『ビーストン傑作集』を買った時点で、この広告をちゃんと見ておけば、ルヴェルの作風に気づいたのに！

〔註6〕 「なにかが起こった」は、『七人の使者』(脇功訳、河出書房新社、平成二年)に収録。おなじ短篇集に「急行列車」という作品も収められており、やはり外の世界と隔たった列車内部の世界を描いている。

〔註7〕 どうしても手元になければ困る、なるべく早く入手したいというのは、書誌や研究書などの資料本である。こうしたものは部数が少なく私家版も多いので、つねに気をつけていなければならない。SF・幻想小説、あるいは本書で扱っているような方面に関する資料本をつくられた方は、ご一報くださると幸いです。

〔註8〕 だいたい支払えないような状況で注文などしない。しかし、古書コレクターのなかには、ときどきこうした判断ができなくなってしまうヒトもいる。ま、その気持ちもわかりますが。

〔註9〕 日本の古書店は「注文が重複した場合は抽選」という建前のところがほとんど。それに対して英米の古書店はたいてい先着順である。国民性の違いなのか、それとも古書流通の状況の差か、論じてみるといろいろなことが見えてきそうだ。

〔註10〕 『フランス怪談集』(前出)の訳者紹介によれば、田中早苗(一八八四〜一九四五)は早稲田大学英文科卒の翻訳家。ルヴェル以外に、エミール・ガボリオの『ルルージュ事件』(春秋社)などの訳書があるとのこと。

〔註11〕 先に〈新青年〉誌上に掲載されたものもあるので、『夜鳥』でしか読めない」というのは正確さを欠く。しかし、ルヴェルの作品を読みたいがためだけに〈新青年〉を買うというのは、それこそ非常識だろう。戦前の〈新青年〉は、一冊一万円近く、あるいはそれ以上するのである。

第16章　ラブレーでファイト一発！

ボクの古本健康法

前章で取りあげたルヴェルが陰鬱なタッチだったので、口直しに陽気な作品をとりあげよう。歳をとると心身のあちこちにガタがくる。若いころは体力にまかせて、なんでもかんでも読みこなしていたが、さすがにもうそれはしんどい。いまハヤリのヒーリングではないが、そろそろ元気を取りもどすための読書ということも考えたほうがいいかもしれない。「本なんて読まずに景色のきれいなところにいってゆっくり休養すれば」と忠告してくれるヒトもいるが、本を読まずしてなんのための健康だ。だいいち景色のよいところには古本屋がない。

本を読んで元気になる。元気になったらまた本を読む。それが正しい健康法だ。

さて、この健康法（?）、症状によっておのずと読む本が違ってくる。気持ちがズーンと落ちこんでいるときは柄谷行人や笠井潔の評論だし、風邪を引いて熱っぽいときはマーク・ショアやビル・プロンジーニのハードボイルド〔註1〕が効く。そして、気力が減退して、なんだか生きていくのがメンドーなときは、ずばり、フランソワ・ラブレーの《ガルガンチュワとパンタグリュエル》しかない。一冊読むだけで「ファイト一発！」である。五冊まとめて読めば鼻血がとまらない。

邦訳題名は、『第一之書ガルガンチュワ物語』『第二之書パンタグリュエル物語』『第三之書パンタグリュエル物語』『第四之書パンタグリュエル物語』『第五之書パンタグリュエル物語』（いずれも渡辺一夫訳、岩波文庫。刊行は一と二が昭和四八年、三と四が四九年、五が五十年）。もっとも解説によれば、『第五之書』はラブレー作ではない可能性が強いという。ま、フランス・ルネッサンス文学〔註2〕の最高峰としてあまりに名高いこの作品、いまさら講釈は無用だろう。お読みになっていない方は、ぜひ一読をおすすめする（現在、全五冊は岩波文庫で入手可能）。そのうち機会を見つけてなんて悠長なことをいっていないで、すぐに本屋に駆けつけなさい。とてつもなくおもしろいんだから。ボクがはじめて読んだのは大学生のときだが、それ以来、元気がないときはラブレーと決めている。老後にそなえて活字の大きなワイド版まで買いこんでいるのだ。

ガルガンチュワとパンタグリュエルは巨人族の父と子。身体が大きいから、いやそれに比しても食べること食べること、出すほうも盛大である。生き方もまことおおらかで自由奔放。彼らの物語を読んでいると、生命力が吹きこまれる気がする。ただし食欲不振のときばかりは、読むのをひかえたほうがいいだろう。胃腸が弱っている目の前で大喰らいをされたらたまらない。フランスには「ガルガンチュワ」という名のビストロやブションがいくつもあるという。「さあさ、お客さま、たっぷりお食べください。ワタシを儲けさせてください」という、店主のえびす顔が見えるようなネーミングだ。

「ガルガンチュワ」という人物名はラブレーのオリジナルではなく、ヨーロッパ各地に中世から伝わる伝説中の名前である。ラブレー作品に先だって作者不明の『ガルガンチュワ大年代記』が出版されたことで、巨人・大食漢といったイメージが鮮明化された。さらにラブレーの筆によって、そのイメージが定着、ひろく浸透したのである。
『ガルガンチュワ大年代記』も、ラブレーを手がけた渡辺一夫の手で翻訳されている。最初は昭和十八年、筑摩書房から刊行。本篇と、別冊の『解説　略註』をセットにした、二冊組である。角書きには「フランス古譚」とある。さらに戦後、本文と解説・略註を一冊にふくめたかたちで、白水社から再刊された（昭和二三年）。そのあたりの経緯を、渡辺一夫は同書の「端書」で次のように述べている。

本訳書は昭和十七年に、素白衛士先生が「やってみろよ」と言われたので綴られ、同十八年に吉田晁氏のお勧めによって筑摩書房から上梓された。今度白水社から新版を出すに際し、吉田氏は快くこれを譲って下さったことはありがたく思っている。
筑摩書房版も再版の時には訂正したが、検閲のために削除された部分もあり、これは補修し得なかった。本白水社版にあっては、この削除された部分を補い、更に訳文全体に手を加えた。旧訳では不明な個所をゴットローブ・レギスの独訳によって訳したが、今度は、独自とは言えないとしても、わたしなりの解釈によって訂正した。しかし、原文の稚拙な味を訳文で表現することは、現在の私の手にあまる仕事であることには変りがなかった。

辛辣というか率直というか。自分が訳した本についてこう言いきってしまうあたりは、いかにも学究の徒である〔註3〕。渡辺はラブレー『第一之書』の「解説」でも、『ガルガンチュワ大年代記』をけちょんけちょんにやっつけており、たとえば〔粗野凡庸な中世伝説〕と、これまたとりつくシマもない。

人造人間、アーサー王につかえる

さて、《ガルガンチュワとパンタグリュエル》の邦訳は一時手に入れにくい時期があり、岩波文庫の古書価も一冊千円を超したこともあったが、いまでは適宜に増刷がかかっているようだし、古本屋での入手も容易だ〔註4〕。それに対して、『ガルガンチュワ大年代記』のほうはずっと絶版状態が続いている。再刊される見込みもなさそうだ。

容易に手に入らないとなればますます欲しくなるのが古本好きのならいで、こうなると訳者が「粗

『ガルガンチュワ大年代記』
『ガルガンチュワ大年代記 解説 略註』
戦前版は二分冊。
本編以上に訳者の解説がスリリング

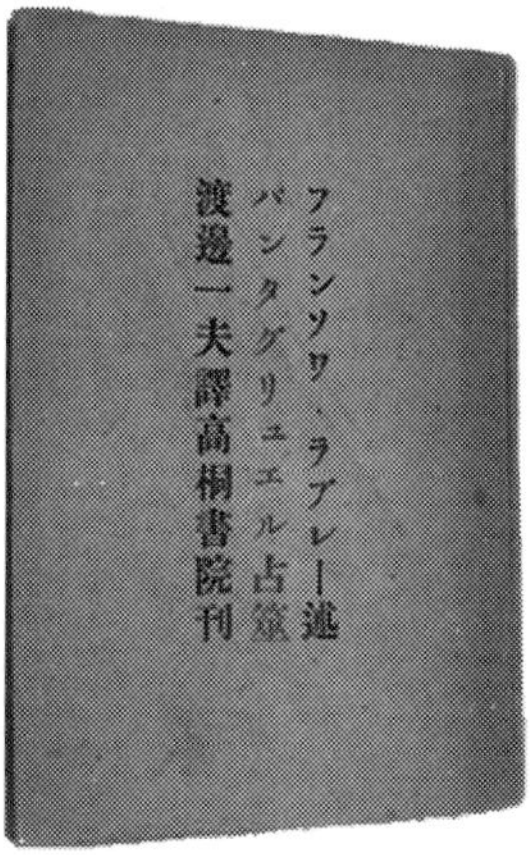

『パンタグリュエル占筮』
これぞ“究極の占い”！
まさに抱腹絶倒の一冊

野凡庸」と太鼓判を押していようがおかまいなしである。お医者さまでも草津の湯でも治らないのは、なにも恋の病だけではないのだ。いや、むしろ「つけるクスリがない」といったほうがいいかも。

ボクが最初に入手したのは古いほうの筑摩書房版。いまから十年ほど前、古書展の目録で注文したのだ。本文と別冊の二冊組で、居酒屋で一回飲むくらいの値段。ただし刊行時には二冊を一緒に収める「袋」がついていたのだが、ボクが買ったものにはそれが欠けている。その後、戦後の白水社版を古書展で見つけた。こちらはラーメン一杯分と格安。希少性はともかく、内容に関しては白水社版のほうが改訳・補筆されているので、こちらを参照しながら内容を紹介してみよう。

まず、〔なべてのすぐれし騎士のともがらよ、また心様やさしき殿原よ、善良なるアルチュス王の御代にメルランと名づける豪い哲人がおったことは御存じの通りであろうが……〕という、読者への語りかけからはじまる。こうした叙述はラブレーの作品にも見られるが、なんとも楽しい。「アルチュス王」というのは、日本でも近ごろはやりのアーサー王のことである。このアーサー王の配下の魔術師メルランが、王家の守りを固めるためにある秘法をおこなった。用意したのは雄鯨と雌鯨の骸骨。雄のほうには英雄ランスロットの血潮をふりかけ、雌のほうには王妃グニエーヴルの爪の切り屑をまぶした。すると、あーら不思議、巨人に姿を変えたではないか。これがガルガンチュワの父グラン・ゴジエと母ガルメルである。

なんと、ガルガンチュワは人造人間の息子だったのだ〔註5〕。魔術師は二人が目ざめるとまず食事をさせ、それから谷にいって牝馬をさがしてこいと命ずる。彼は巨人を乗せられるよう、大きな牝馬をあらかじめつくりあげ、谷に放って草を食べさせていたのだ。グラン・ゴジエが先に山を降り、あとから来るガルメルを待っている。二人は生まれたままの素裸だ。

ガルメルが下り切ると、グラン・ゴジエは、どうしてそんな股引を履いているのかと訊ねた。するとまたをひらいて、この割目は生まれつきあるのだと答えた。グラン・ゴジエは、聖アントワヌ熱の業火のように真っ赤な、大きな傷口を眺めているうちに、太さは鯨樽の胴まわりもあり、またそれに釣合うほどの大きさの己无戊宇がたってきた。グラン・ゴジエはガルメルに向い、己は外科醫《バルビエ》ぢゃによって、己无戊宇を入れてなかを探り、どのくらい傷が深いか量ってみよう、と言った。ところがこの傷には底がなかった。しかし、こうした所作も両人にとっては楽しいがまに、ガルガンチュワを宿すにいたった。

なにが「己は外科醫《バルビエ》ぢゃによって」だよ。どこでこんな知恵をつけたんだか。ひっかかるほうもひっかかるほうですが。「己无戊宇」はKOMBOUと読ませるんでしょうな。しかし、外科医が棍棒を傷口に入れたりするかっていうの。このあたり、なんともアッケラカンとしたものである。ところで十六世紀のフランスといえば教会の力が強かったころ。こうしたおおらかな性描写は問題にならなかったんでしょうかね?〔註6〕

これにかぎらず巨人のカップルは、じつに元気いっぱいである。おなじ人造人間でも、『フランケンシュタイン』の怪物とは大違いだ。メアリ・シェリーがかの傑作を発表したのは、『ガルガンチュワ大年代記』やラブレー作品から三世紀近くあとのことだが、そのなかで怪物は自分が人間と違っていることに悩んだあげく、創造者である博士に復讐をする。ひじょうに悲劇的な宿命を背負った存在だった。それにひきかえ、グラン・ゴジエとガルメルは、性格にも生き方にも翳りひとつない。息子のガルガンチュワもまたしかり。

グラン・ゴジエとガルメルはアーサー王の元に参じるため、ブリテン島にわたろうとして熱病にかかり、あえない最期をとげる。ひとり残されたガルガンチュワは激しく嘆き悲しむが、ほどなく立ちなおり、のんびりとパリ見物に出かけたりしている。そして両親の意志を継ぎ、アーサー王につかえるため大西洋を越えるのだ。

しかし、ガルガンチュワがアーサー王伝説と結びつくのは、なんだか奇異な感じがする。アーサー王はイギリスのものだし、ガルガンチュワは大陸のものだ。ガルガンチュワがアーサー王の配下になったりしたら、フランスの人たちはあまり気分がよくないのではないかしらん〔註7〕。ま、いまさら（！）そんなこと心配してもしょうがないけど。

テキスト間の入り組んだ関係

ストーリー紹介を続けよう。ガルガンチュワが海をわたった手段がすごい。同行していた魔術師メルランがひとかたまりの雲を呼び寄せ、それに乗ってロンドン近くまでひとっ飛び。孫悟空も顔負けだ。アーサー王の大歓迎を受けたガルガンチュワは、さっそく近隣の蛮族どもをたったひとりで退治してしまう。祝賀会では、ブタ四百頭ぶんのハム、二百匹のウサギをつかったポタージュ、ひとつ五十斤もの重さがあるパン四百個、さらに二百頭ぶんの牛肉をペロリ。それ以外にも腸詰めを食べ、ビール百樽、リンゴ酒三十樽半を飲み、デザートには焼リンゴ四十樽を腹におさめた〔註8〕。

その後、アイルランド軍とオランダ軍がアーサー王に反旗をひるがえすが、ガルガンチュワはこれも一蹴。一五三二年に出版された初版では、ガルガンチュワはアーサー王に二百年仕えたのち、妖精の導きで仙境につれていかれ、いまでもそこにいますというところで、物語は幕を閉じている。

しかし、一五三三年の増補版では、ガルガンチュワの冒険はまだ続く。高い身分にとりたててやろうというアーサー王の申し出を辞退して、ガルガンチュワは生まれ故郷の山へとむかう。その旅のあいだにも、食うわ飲むわの一人宴会。リンゴ酒千五百樽を一挙にたいらげたあとは、さすがの彼も腹がゆるくなった。ノルマンディ地方のバイユーという町で用をたすと、通りという通りが糞まみれ。つくづく迷惑なヤツである。すっきりしたとおもったら、さっそく次の町でビール五十樽をきこしめして、また腹具合を悪くする。まったく学習機能というものが備わっていない。ふたたび住民の迷惑をかえりみずズボンをおろし、猛烈な勢いでやったものだから、川がひとつできあがってしまった。こうしたおおらかなスカトロジーも『ガルガンチュワ大年代記』の楽しさであり、それがラブレーにも引きつがれていくのだ。

故郷にもどったガルガンチュワはそこで巨人の国を見つける。はて、人造人間の父母から生まれた彼に眷属《けんぞく》はいないはずだが……。しかし、そうした事情についてはなんの説明もない。こうしたいいかげんさが、訳者をして「粗野凡庸」と言わしめるゆえんだろう。さて、ガルガンチュワと巨人たちのあいだに一悶着あるのだが、ここでもガルガンチュワの圧倒的な勝利。その国の王女をめとって、息子パンタグリュエルをもうけたという説明がついて大団円。

ここでパンタグリュエルの名前が出てくるのは、これが一五三三年の増補版ゆえである。一五三二年に『ガルガンチュワ大年代記』初版が出たあと、おそらくそれに刺激を受けて、ラブレーが『第二之書パンタグリュエル物語』を著している。この作品においてガルガンチュワとパンタグリュエルの親子関係がはじめて成立した〔註9〕。そして今度は逆に、ラブレー作品を踏まえて、一五三三年の『ガルガンチュワ大年代記』増補版が書かれたらしい。こうしたテキスト間の入り組んだ影響関係がおもしろい。この時代にはキャラクター使用権などという意識はなかったし、それ以前に、ガルガンチュワもパンタグリュエルも元来、伝説のなかで育まれた〝共有財産〟だったのである。ラブレーおよびその周辺の作品を読むと、フォークロアの網目のなかに身をひたす愉快が味わえる。

底ぬけ脱線航海記

《ガルガンチュワとパンタグリュエル》周辺の小説をもう一冊紹介しよう。『パニュルジュ航海記』という小説で、こちらも作者不詳。やはり渡辺一夫の手で邦訳されている（要書房、昭和二三年）。『ガルガンチュワ大年代記』筑摩書房版と同様、『本文』と『解説・略註』の二冊セットだ。こちらも刊行時は函もしくは袋がついていたらしいが、ボクの手元にあるものは、それが欠けている。数年前に古書展の棚で見つけたもので、やはり一回軽く飲みにいったくらいの値段。

パニュルジュというのは、もともとラブレーが創作した人物で、パンタグリュエルの家来である。

『第二之書』では、パリ留学中のパンタグリュエルと出逢い、いきなりドイツ語、イタリア語、スコットランド語、バスク語、オランダ語、イスパニヤ語、デンマーク語、ヘブライ語、古代ギリシャ語、ラテン語、さらには裏側国語をはじめとするさまざまな架空語を弄して煙に巻く。パンタグリュエルはこれですっかりパニュルジュが気に入ってしまい、ごちそうをふるまったあげく第一の側近とする。これ以降『パンタグリュエル物語』四冊を通じ、パニュルジュは重要な位置を占めることになる。

『パニュルジュ航海記』が出版されたのは一五三八年。ラブレーの『第一之書』（一五三四年）と『第三之書』（一五四六年）にはさまれるかたちである。ラブレーの作ではないかという説もあるようだが、研究者のあいだでは否定的見解のほうが主流らしい。そのあたりの事情については、渡辺一夫が「解説」で詳しく論じている。さらに渡辺は、〔訳者として一番痛切に感じたのは、『パニュルジュ航海記』の文体の稚劣であり、シェーヌやショベルの説は全く正しいと思うのであり、日本訳する場合に、訳者の貧しい日本語の語彙ですら、原文に対しては豊富すぎるくらいであった。このような現象は、本物のラブレーの文章を訳する場合には絶対に起り得ないことである〕とダメ押し〔註10〕。渡辺先生にかかると、この本も『ガルガンチュワ大年代記』とおなじく、ラブレー作品のオマケあつかいである。

パニュルジュとその手下がさまざまな島を訪ね、珍しい怪物や動物を調べ、奇妙な住民たちと出会う、というのが物語のあらまし。人喰い巨人（ガルガンチュワよりも大きい！）の乗った船と遭遇したり、襲いかかってきた豚腸詰族を返り討ちにしてその死骸を塩漬けにして食糧にしたり（げっ！）、提燈国で催された女王の誕生日の祝宴に参加してその大騒ぎぶりに目を見張ったり……。どのエピソードにおいても、パニュルジュ本人が活躍することはほとんどなく、たんなる語り手である。わざわざラブレーの作品から登場人物を借りてくる必然性はどこにもないのだ。これでは、ラブレーの人気に便乗しただけと誹《そし》られてもしかたないだろう。

もっとも、それぞれのエピソードに横溢している奇想は、なかなか楽しめる。また『ガルガンチュワ大年代記』とちがって、ラブレーというお手本があるので、語り口もちょっとヒネリがきいていて饒舌だ。しかし残念ながら、ガルガンチュワやパンタグリュエルが体現していた生命力は、この作品には希薄である。もっと傍若無人でお下品にいかなきゃ。けっきょく『パニュルジュ航海記』はとくにクライマックスもなく、懐かしの港に帰りつき、祝宴を開いてオシマイ。

さて、自分が創造したキャラクターを無断(?)で使用されたラブレーだが、あわてずさわがず、今度は逆に『パニュルジュ航海記』のエピソードを『第三之書』や『第四之書』にちゃっかり取り入れている。よく換骨奪胎という言葉を、剽窃《ひょうせつ》というニュアンスで使う人がいるが、原義は先行する作品に素材を求めながらも独自の価値を生みだすという意味だ。ラブレーがやったのは、その本来の意味での換骨奪胎である。とくに『第四之書』は全篇、航海記の体裁をなしており、そのルートも『パニュルジュ航海記』と似ている。ただし、ラブレーの作品では、パニュルジュはけっして狂言まわしではなく、イキイキと活躍し、陽気にズッコケている。

絶対はずれません、これが究極の占い

『ガルガンチュワ大年代記』も『パニュルジュ航海記』も、そこそこ楽しめる作品だが、やはりラ

ブレーにはおよばない。しょせんB級のおもしろさである。そんなものばかり紹介していては、読者のみなさんに申しわけない。ここで、いよいよ真打ち登場である。

ラブレーは《ガルガンチュワとパンタグリュエル》のほか、フランス王子誕生を祝う模擬戦闘のようすを綴った『模擬戦記』や、ローマから書きおくった書簡を後世の人がまとめた『イタリヤだより』があるそうだが、巨人ファン（野球じゃなくてガルガンチュワ&パンタグリュエル親子のファンのことね）にとって興味ぶかいのは『パンタグリュエル占筮《せんぜい》』だろう。邦訳は高桐書院から昭和二二年に出版されている。訳者はもちろん渡辺一夫〔註11〕。

ラブレーは『第二之書』と同時期に『一五三三年の暦』という小冊子を出版しているが、これは実物が一冊も残っていないそうだ。現存しないので内容は確認できないのだが、この『暦』を母体として新しく書かれたのが『パンタグリュエル占筮』らしい。最初に出版されたのは、一五三三年一月と推測されている。

まずは目次だけ抜き書きしてみよう。「寛仁なる読者に」「第一章　本年世を収め統べす者」「第二章　本年の蝕」「第三章　本年の疾病」「第四章　大地に生ずる穀物果実」「第五章　人々の運勢」「第六章　諸国の情勢」「第七章　四季について、先づ第一は春」「第八章　夏について」「第九章　秋について」「第十章　冬について」。

ご覧いただいておわかりのとおり、その年のいろいろな事項についての〝占い〟である。『パンタグリュエル占筮』は何回か出版しなおされており、「第七章」以降は一五三四年発行の版から追加されたものだという。

この増補、そして些細なテキストの差異を別にすれば、どの年に出版された『占筮』も内容がおなじなのだ。どんな年にもあてはまる〝占い〟！　おちょくっているのかといいたくなるが、そのとおり。カンペキにおちょくっているのである。
サンプルとして「第二章　本年の蝕」から引用してみよう。こんな具合だ。

さてば本年度は、蟹は横匍いをいたし、綱曳く漁師は後向きに歩くであろうし、腰掛は長椅子の上にのぼるであろうし、鉄串は鉄の薪臺の上に、頭巾は帽子の上にのぼるだろうし、何人もの人々にあってはふぐりが股袋の割目からだらりとさがるであろうし、……

以下、えんえんと続く。こうしたいわずもがなの御託の前後に、もったいぶった口上（それもまったくのナンセンスなのだが）をくっつけて、〝占い〟の格好を整えている。けっきょくラブレーは、「占いなんてどれもこの程度だよ」とほのめかしているのだ。占いをありがたがるヒトはいつの世にもいるが、そんな風潮にラブレーの視線はあくまでも冷ややかである。

〔註1〕　ハードボイルドでも、ダシール・ハメットやレイモンド・チャンドラーじゃないところがミソ。ショアの《レッド・ダイアモンド》シリーズ、プロンジーニの《名なしのオプ》シリーズとも、主人公がパルプマガジンのコレクターなのだ。とくにレッド・ダイアモンドほど、カタ破りなヒーローはいないだろう。本名サイモン・ジャフィー、以前はサエないタクシーの運転手。口うるさい妻、あばずれの娘、出来がよすぎて彼を気おくれさせる息子とともに、インチキ不動産屋にダマされて購入した地盤沈下進行中の家に住み、古いパルプマガジンでタフな探偵ものを読むのが唯一の楽しみだった。しかし秘蔵のコレクション数千冊を妻に処分

されて錯乱。自分が愛読していた小説の作中人物、私立探偵レッド・ダイアモンドだと思いこんでしまったのだ。そして、ひょんなことから事件に巻きこまれるのだが、その活躍ぶりがハードボイルド調の気どった文体でつづられていく。つまり、このシリーズは正真正銘のハードボイルドであると同時に、ハードボイルドのパロディでもあるのだ。いままでに『俺はレッド・ダイアモンド』『エースのダイアモンド』『ダイアモンド・ロック』（いずれも木村二郎訳、ハヤカワ文庫。刊行は順に昭和六十年、六一年、六二年）の三冊が発表されている。なかでもボクが好きなのは、レッド・ダイアモンドがラスヴェガスで暴れまわる二作目。依頼者であるカジノのオーナーも西部劇パルプのコレクターで、やはりかなりイッているのだ。

〔註2〕最初に書かれた『第二之書パンタグリュエル物語』は一五三二年末の出版。これが好評を博したことで、パンタグリュエルの父であるガルガンチュワを主人公とした『第一之書ガルガンチュワ物語』が執筆され、一五三四年に上梓された。巻次が逆なのに注意。それ以降は巻次の順の刊行である。

〔註3〕渡辺一夫は明治三二年生まれ。東京帝国大学仏文科卒業後、東京高等学校を皮切りにして教鞭をとり、昭和三七年には東京大学名誉教授となっている。昭和五十年逝去。ラブレーをはじめとするフランス・ルネッサンス期の文学研究において、数多くの業績を残している。

〔註4〕すでに何度かの増刷をへてかなりの部数が出まわっているので、今後よしんば版元品切れになったとしても、古書価が高騰することはないだろう。

〔註5〕ちなみにラブレーの作品では、ガルガンチュワの一族もれっきとした人間であり、その血筋は遠くカインとアベルの時代にまでさかのぼることになっていた。

〔註6〕十六世紀のフランスの事情はわからないが、戦中の日本ではやはりマズかったらしく、筑摩書房版はこの箇所、伏せ字だらけ。〔すると…この…は生まれつきあるのだと答えた〕といった調子。よっぽど想像力を働かせないと、ナニがナニやらわからない。

〔註7〕ラブレー版のガルガンチュワは王子として生まれ、のちに即位して国を治める。他人に仕えたりということはない。

〔註8〕ここに並んでいる食物の量は、『ガルガンチュワ大年代記』一五三二年版のもの。最初に出版された一五三二年版はもっと少ない。一五三二年版と一五三三年版では異動があり、とくに後者は結末部が大幅に書きくわえられている。こうしたエディション間

の違いをつぶさに調査したうえで併置して訳出しているのは、さすが渡辺一夫。「解説」や「略註」においても、ビブリオグラフィックな検証についてかなりの紙幅があてられており、それだけでもおもしろい。ウンベルト・エーコの『薔薇の名前』を読むのに似た興奮……というとちょっと言いすぎかな。

〔註9〕 このあたりの事情については、『第二之書パンタグリュエル物語』に付された渡辺一夫の「解説」に詳しい。もともと中世ヨーロッパでは、ガルガンチュワ伝説とパンタグリュエル伝説は別々に伝承されており、そのあいだに関係性はなかったとのことである。

〔註10〕 引用文中のシェーヌとショベルは、『パニュルジュ航海記』がラブレー作でないと主張する研究家の名前。

〔註11〕 『パンタグリュエル占筮』に付された渡辺一夫の「端書」によると、訳稿は昭和十八年にしあがっていたが、〔その頃の出版事情その他の理由のために、上梓が不可能になり、原稿は、書庫の隅、倉庫の奥、疎開書籍箱の底にと転々として彷徨していた〕という。おなじような事情は『第二之書』にもあり、こちらは訳稿どころか印刷までが終わりいよいよ製本という段階で、空襲により灰燼と帰してしまった。

第17章　言葉を使わないストーリーテラー

網《ウェブ》に引っかかった挿絵本

ラブレーの話題をもう少しつづけよう。《ガルガンチュワとパンタグリュエル》は十六世紀以来、数かぎりなく版を重ねており、さまざまな言語で翻訳がでている。挿絵が施されたものも多数あり、なかでもギュスターヴ・ドレのそれが有名だ。

ボクの手元にあるのは、リンド・ウォードが挿絵を担当したアメリカ版。なにもラブレーの挿絵本を集めているわけではなく、ウォードのほうが目あてで手に入れたものだ。インターネットで洋古書の検索をしていたら、これがひっかかってきたのである〔註1〕。リンド・ウォードはアメリカが生んだ異才の挿絵画家。彼については、その作品も含めてのちほど詳しく紹介しよう。

インターネットのブックハンティングというのは、家に居ながらにして何万冊、何十万冊もの在庫のなかから検索ができるというのが最大のメリットで、なによりも嬉しいのは現地のコレクターとのタイムラグがないことである。これが通常の通信販売だと、カタログが届くまでに時間がかかるせいで遅れをとってしまうし、それほど多くの古本屋からカタログを取りよせつづけることもできない。ある程度の頻度で注文をしていないとカタログを送ってくれなくなるから、つきあいを継続できる本屋は二、三十軒がせいぜいだ。ところがインターネットならこうした心配はいっさい無用。検索をかけて探求書が見つかれば注文し、それっきりの取り引きでもお互い気にかける必要はない。

ボクがインターネットを利用しはじめたのは、仕事で原稿を送るのに電子メールが必要だったことが一番。あとは、情報収集にそこそこ役立てばいいというくらいの考えだった（実際のところ情報収集にはそこそこしか使えない）。しかし、すぐにオンラインでのブックハンティングの楽しみに目ざめ、利用時間でみればもっとも活用していることになる〔註2〕。

そもそもボクが、インターネット経由での古本探しにのめりこんだきっかけというのがリンド・ウォードなのだが、その話はあとまわしにして、先にウォードの挿絵入り《ガルガンチュワとパンタグリュエル》のご紹介といこう。タイトルは *Gargantua & Pantagruel*。そのままですな。一九四二年にヘリテイジ・プレスから発行された一巻本である。高さ二四センチの大判のハードカバー。ノンブルのふりかたが変わっており、『第一之書』が1から146まで、『第二之書』になるとあらためて1からふりなおして124まで、『第三之書』が1から178まで……といった具合。訳者ジャック・ル・クラークの序文、それに目次も含めた合計で、約八百ページにもおよぶ大冊である。ジャケットの代わりに函がついている。コピーライトの表記によれば、テキストの版権はリミテッド・エディションズ・クラブの所有となっている〔註3〕。一九三六という年号が表記されているので、この年に最初に出版されたのだろう。ただしイラストレーションについては、このヘリテイジ・プレス版のために新しく描かれたものである。

口絵にはラブレーの肖像があるが、その横では貴族、聖職者、騎士が一本の旗の柄に串刺しになっており、ひるがえる旗には酒瓶が描かれている。旗の根本で呵々大笑しているのは角のはえた悪魔だ。べつにラブレーが悪魔のように人を惑わせたわけではないが、体制や教会といった権力に対して諧《かい》謔《ぎゃく》をもって抵抗したことはたしかである。本文にも、ちょっとした行間に差しこまれたカット的なものから、一ページをあてた大きなものまで、大小のイラストがふんだんにちりばめられている。

ウォードの筆致はドレとは対照的に、線が太く漫画的なもので、描線をもっと大胆に単純化すればアメコミの絵になりそうである。もっともほかの本に描いたイラストはこれほど漫画的ではないので、やはり作品の内容にあわせた絵柄なのだろう。正直にいうなら、ウォードとしては凡作の部類だ。意気ごんで注文しただけに、現物が到着し、はじめて本を開けたときはちょっと拍子抜けした。ところが順にページをめくって『第四之書』に入り、パンタグリュエル率いる一行が島めぐりをはじめると、とたんにウォードの筆が輝きだす。奇怪な種族、珍妙な生物などグロテスクなものを描かせるとじつに巧いのだ。とくに『第五之書』に出てくる鐘鳴島の鳥人間たちの不気味さがいい。

名コレクターが手がけた精華画集

ここらへんでリンド・ウォードについて、簡単に説明しておこう。角川文庫版の『フランケンシュタイン』（山本政喜訳、昭和四十年）をお持ちの方は、ごらんいただきたい。あの挿絵を描いているのがリンド・ウォードである。もっとも角川文庫にはどこにもその記載がないが。翳りに満ちたメアリ・シェリーのあの作品にぴったりの挿絵であり、ウォードの代表作のひとつに数えられるものだ。ヘリテイジ・プレス版の『ガルガンチュワとパンタグリュエル』に寄せたのは筆を使ったイラストだったが、『フランケンシュタイン』の挿絵は木版画である。そして木版画こそが彼の本領なのだ。

ボクがはじめてリンド・ウォードに注目したのは、ゲリー・デ・ラ・リーが編集・出版した画集 *The Art of the Fantastic*（一九七八）によってである。いや、ホントのところをうちあけてしまうと、お恥ずかしい話だがボク自身はこの画集を手に入れたまま、ウォードの作品は見すごしていたのだ。細君がこの画集を見て、「すごいイラストレーターがいる！」と騒ぎだし、それで気がついたという次第（トホホ）。

たしかに凄い。細君は「ムンクに似た画風」と評していたが、ボクが連想したのはドイツ表現主義が生んだ傑作映像『カリガリ博士』だった。歪んだパースペクティヴ、ヤスリのような質感、光と影で構成された現実……ひとことで表現するなら〝悪夢の世界〟である。はたしてリンド・ウォードとは何者なのか。

また少しまわり道になるが、まず画集を編集したゲリー・デ・ラ・リーについて述べておこう。デ・ラ・リーはSFや幻想小説を専門とするコレクターで、とくにSF・怪奇雑誌のコレクションでは世界でも三本の指に数えられる存在だった。本職は新聞記者だが、趣味が高じて古書の通信販売と出版活動を手がけたという人物である。日本でもデ・ラ・リーにお世話になったヒトは多いはずだ。SFの大先輩たちにうかがったところでは、海外送金の手続きには取引先からのインヴォイス（送り状）が必要という時代（いまから三十年以上前）にあって、日本からの注文を受けつけてくれる数少ないディーラーだったという。ボクが取り引きをはじめたのはずっとあとだが、ほかのディーラーよりも値段が安めだったこと、こちらの支払い残金を細かく計算してカタログ送付のたびに知らせてくれたことが印象に残っている。デ・ラ・リーはクレジットカードを扱っていなかったので、こちらは注文しただけの代金を送金する。たいてい先に売れてしまっているものがいくつかあるから、そのぶんが残金となって次の注文時へと繰りこしになるのだ〔註4〕。残念なことに一九九三年にデ・ラ・リーは亡くなり、ボクは頼りになるディーラーをひとり失った。

そのデ・ラ・リーが、自慢の原画コレクションをもとに編集した画集が、*The Art of the Fantastic* である。フランク・R・パウル、ヴァージル・フィンレイ、ハネス・ボク、エド・カーティアといったパルプ雑誌を中心に活躍したイラストレーターを主軸として、ギュスターヴ・ドレ、ハリイ・クラークといった巨匠、ティム・カーク、スティーヴン・フェビアンなどの新進気鋭（当時）の作品も含んでいる。そのなかでいちばん多くのページを割いて紹介されているのがリンド・ウォードである。そのうえウォードだけ特別に、“Lynd Ward: The Haunted Omnibus”という解説文が付されている。

それによると、リンド・ウォードは一九〇五年の生まれ。二八年より単行本の挿絵を手がけ、二九年には *Gods' Man*、三十年には *Madman's Drum* と題した幻想的な〝字のない小説〟を発表。以降、アメリカにおける木版画の主導者のひとりとして知られるようになるが、その技法は木版にとどまらず、多くの美術館が彼の作品を収蔵している。ウォードはリミテッド・エディションズ・クラブやヘリテイジ・プレスのために、『レ・ミゼラブル』『モンテ・クリスト伯』『誰がために鐘は鳴る』といった名作の挿絵を手がける一方、妻の児童小説家メイ・マクニアーとの共作で多くの本を世に送り出した。七四年には、ウォードの木版画の代表作を集めた大冊 *Storyteller Without Words* が出版されている。

彼が挿絵もしくは表紙絵を手がけた書籍は百を超えるが、そのなかで幻想画家としてのウォードの名声を高めたのは、アレクサンダー・ライング編のアンソロジー *The Haunted Omnibus*（一九三七年）だという。ウォードはこの本のために六十七点もの挿絵を制作したが、そのうち七点はスペースの都合で採用されなかった。その六十七点のうちウォードの手元に残っていた五十三点を、ゲリー・デ・ラ・リーは一九七四年にまとめて購入。それを *The Art of the Fantastic* で一挙に披露したわけだ。

The Haunted Omnibus はのちに少なくとも二回、*Great Ghost Stories of the World* という題名でリプリントされているが、どちらもアブリッジ版であり、ウォードの作品も印刷のせいで鮮明さを失っている。

つまり、この画集におさめた挿絵は、一九四〇年代前半以来はじめての再録ということになる。さらにつけ加えれば、上質紙に印刷されるのはこれがはじめてなのだ。

得意満面のデ・ラ・リーだが、自慢したくなる気持ちはよくわかる。ホントにたいしたお手柄である。なんといっても貴重なのはそれまで未発表だった七点の挿絵がすべて収録されていることだ。アナトール・フランスの「The Mass of Shadows」、シェリダン・レ・ファニュの「妖精にさらわれた子供」、サキの「メス・オオカミ」、同じく「トバモリー」、ポオの「リジイア」のために描かれたものが一点ずつ、それにヘンリイ・ジェイムズ「ねじの回転」のためのもの二点である。

ボクにとって、デ・ラ・リーの解説から得た情報は貴重だった。というのも、その後、荒俣宏『絵のある本の歴史 BOOKS BEAUTIFUL』が取りあげられているのを見つけ、その紹介文からウォードがライプツィヒで修行をしたこと、角川文庫から出ている『フランケンシュタイン』の挿絵が彼のものだということがわかったが、それ以上のことは記されていなかったからだ。

荒俣宏は、ウォードをボリス・アーツィバシェフとならべ、〈彼らの挿絵はいずれもテキストを大きく逸脱し、ウォードに至ってはテキストを持たない（！）にもかかわらず、すぐれて具体性を備えた挿絵になっている〉と讃えたうえで、ウォードの〝字のない小説〟の背景に〈西欧の実験的イラストレーションとケルムスコット以来の単色木版調画風〉への共鳴を読みとっている。『絵のある本の歴史 BOOKS BEAUTIFUL』では *Madman's Drum* から十五点が転載されていたが、いずれも重厚

『THE HAUNTED OMNIBUS』
ぼくがインターネットに
ハマるきっかけとなった一冊

『STORYTELLER
WITHOUT WORDS』
ウォード版画作品の集大成。
わが家の家宝である

な迫力を備えたものだった。ますますリンド・ウォードのことが気にかかるようになった。

カタログで買い、問いあわせて買い

一度心にとめるとおもしろいもので、その後、ボクは連続してウォードに出逢うのである。まずは神田小川町の東京古書会館で開催されていた古書展で、ウォードの *Gods' Man* を見かけた。〝字のない小説〟のうち最初に発表されたものである。このときは細君も一緒で、彼女はボク以上にウォードにのめりこんでいたから、ずいぶん長いこと、ためつすがめつ眺めていた。残念ながら、ついていた値段がその当時のボクらにとっては分不相応なものだったので、諦めるしかなかったのだが。細君は本を棚に戻してからもずっと心残りなようすだった。思いやりなどへソの緒といっしょに切り落として生まれてきたボクだが、欲しい本も買えない妻の姿はさすがに不憫《ふびん》である。「海外の本屋からなら、きっともっと安く買える」などと気休めを言ってなぐさめた。

これがまんざら気休めでもなく、それから何週間もしないうちに、アメリカの挿絵本専門の古書店から届いたカタログに *Gods' Man* が出品されているではないか。しかも古書展で見かけた半分以下の値段で、コンディションもまずまず。その古書店とはいままでつきあいがなく、広告を見てはじめて取りよせたカタログである。これは天の配剤かもしれない。ふだんのおこないがよっぽどよかったのだろう（?）。おっとり刀で注文を、郵便ではもどかしいのでファクスで送る。さいわいにして先に注文が入っておらず、数週間後には船便で無事到着。かくして夫の面目を保ったわけだが、もうこの時点では細君のためというよりも、ボク自身の興味がふくらんでリンド・ウォードの本探しをするようになっていた。ウォードの作品に魅せられたこともあるが、半分くらいは古本集めの楽しみである。

船便を待つあいだに、『フランケンシュタイン』関係の書誌をあたり、角川文庫版の挿絵は、ハリスン・スミス&ロバート・ハース社版（一九三一年）から採ったことも判明。どうせなら文庫の縮小された画面ではなく原書で持っていたい。もちろん *The Haunted Omnibus* もぜひ入手したい。ゲリー・デ・ラ・リーの解説文でふれられていた木版画の傑作を集めた *Storyteller Without Words* もほしい。『絵のある本の歴史 BOOKS BEAUTIFUL』で紹介された *Madman's Drum* もほしい。

Gods' Man が到着すると、折りかえしくだんの古書店に「ほかにリンド・ウォードの本は在庫していないか？ とくに〝字のない小説〟の系列と *Storyteller Without Words* がほしい。『フランケンシュタイン』や *The Haunted Omnibus* も探している」と手紙を書いた。すると「お探しのタイトルはいま手元にないが、入荷したらお知らせする。いま在庫にあるのは……」とリストが送られてきたではないか。さすが挿絵本専門店。しかも表紙絵だけ描いているものや、挿絵が二、三点含まれているものまで、ウォード関連のものならかたっぱしからリストアップされているのだ。その対応ぶりに関心する一方で、すでにウォードの収集価値が認められていることを思いしらされた。これがマイナーなイラストレーターだったら、古書店もここまで丁寧なリストはつくってこない。

そのリストのなかからは、挿絵が多くて比較的安いものを二冊ばかり購入することにした。しかし、これは失敗だった。一方はペンを使って描いたもの、もう一方は水彩画で、ボクが期待していたような幻想味の濃いイラストではなかった。通信販売だと現物を確認できないので、こういったまちがいもある。もちろん古書店のほうに落ち度はないから返品もできない。

それからまもなく、べつな古書店のカタログで見つけて *Madman's Drum* を入手。これはかなり安かったし、コンディションもそんなに悪くなかった。これはあとになってわかったことだが、*Gods' Man* も *Madman's Drum* もいくたびか重刷されているので、比較的入手しやすいのだ。

ますますウォードに惚れこむ

そのタッチをさらに発展させたのが『フランケンシュタイン』の挿絵だ。これも木版画だが、*Gods' Man* や *Madman's Drum* がウッド・カット（板目木版）だったのに対し、『フランケンシュタイン』で用いられたのはウッド・エングレーヴ（木口木版）である。版木の裁ちかたのちがいで、後者のほうが繊細な彫刻ができる。

前述したとおり『フランケンシュタイン』の原書は、挿絵本専門の古書店に探してもらうように頼んだのだが、それを待っているあいだにリプリントが刊行されてしまった。いま手元にあるのは、グラマシー・ブックス版（一九九四年）である。リプリント版の入手と前後して、くだんの古書店から「一九三二年の元版が入荷した。コンディションはこれこれで、価格はこのとおりである。必要か否か連絡してくれ」と連絡が入った、元版というのは魅力だったが、予想していた価格よりかなり高かったし、このさいリプリントでがまんすることにした〔註5〕。

せっかく探してもらったのに断るのは心苦しい気もしたが、それまでの取り引きのなかで、ボクのためにわざわざ手間ヒマかけて見つけだしているのではなく、入荷があったら随時連絡してくれているだけだとわかってきたので、ビジネスライクに「値段がこちらの希望と折りあわない」と伝えることにした。また、先方はおなじ手紙で「あなたが興味を持つのではないか」という本を数点リストアップしてくれていたので、そちらは全部買うことにした。いずれも値段は若干高めだったが、相手が挿絵本専門のディーラーであることと、コンディションの査定や本の扱いなどに信用がおけることを考えあわせれば、リーズナブルといえる範囲だった〔註6〕。

リプリント版でがまんするといったが、判型の小さな角川文庫とくらべればずっといい。印刷も遥かに鮮明だ。角川文庫版には収録されていない挿絵が多数あることもわかった。

ウッド・エングレーヴの繊細な表現によって、『フランケンシュタイン』の挿絵は柔らかな奥行きを獲得している。この小説そのものが「被創造物の創造者への復讐」というダイナミックな構図のみならず、フランケンシュタイン博士と怪物の内面——孤独や懊悩——をたんねんに描いたところに価値がある。ウォードの新しい描線はその内容にふさわしい。

さて、紹介の順序は逆になってしまったが、『フランケンシュタイン』のリプリント版を手に入れるより先に、ウォードの木版画の代表作を集めた *Storyteller Without Words*（一九七四年）をくだんの挿絵本専門古書店から手に入れていた。値段はかなり張った（勤め人の一か月分の昼食代くらい）が、ディーラーは「ウォードの木版画に関してはこれでほぼ全貌がわかる。いわば決定版だ。内容がすばらしいので古書価が高騰している。他のディーラーは〇〇ドルをつけていた。当店の価格は格安である」と強気。そこまで言われると後には引けない。清水の舞台から飛びおりるつもりでというのは大げさだが、細君にも相談して資金援助を仰ぐことにした。

届いてみるとたしかに言うだけの価値はある。タテヨコそれぞれ二八センチという判型で四百ページ弱の大冊。この一冊にウォードの〝木版画で綴った小説〟がすべて収録されているのだ。つまり *Gods' Man* と *Madman's Drum* のほか、*Wild Pilgrimage*・*Prelude to a Million Years*・*Song Without Words*・*Vertigo* の六冊である〔註7〕。さすがに原寸のままではなく、一ページあたり木版画二点から四点を並べた〝縮刷版〟だが、ひとつとして遺漏はない。六作品それぞれにリンド・ウォード自身の回顧エッセイが付されており、創作姿勢や制作の内幕がうかがえて興味ぶかい。

作品ひとつひとつを詳しく紹介したいところだが、そんなことをしているとキリがない。技巧的なことはともかく、物語の奥行きと画面の力強さということなら *Madman's Drum* と、それにつづく *Wild Pilgrimage* で早くもピークに達しているように思える。後者は人間性が希薄になって社会のなかで精神を失調していく男の物語だが、ここでウォードが採用したのは、現実世界のできごとを黒のインクで、主人公の心象風景をくすんだ赤のインクで描くという手法だ。それだけでは小手先のテクニックに思われるかもしれないが、ふたつのリアルのあいだの振幅と照応、そして相互に侵入していくさまが大胆に表現されており、読んでいてグイグイ引きこまれる。

Song Without Words には、小説の挿絵として描かれたものや、独立した作品として制作されたものも収められている。それを見るかぎり、直裁な幻想性は歳を追うごとに希薄になり、より現実的あるいは象徴的な表現にかたむいていったようだ。ボクなどは *The Haunted Omnibus* の怪奇・グロテ

スクな画像に惹かれて、ウォードを追いかけだしたクチだから、これは少し寂しい。

それはさておき、*Song Without Words* に付された文章や、そのほかの資料によって、リンド・ウォードのことがしだいにわかってきた。ロバート・ワインバーグの *A Biographical Dictionary of Science Fiction and Fantasy Artists*（Greenwood Pres, 1988）〔註8〕にもリンド・ウォードの項目があり、その記事でこの画家が一九八五年に亡くなっていることを知った。

熱望の本がインターネットであっさりヒット

ウォードに関する情報面でいちばん役だったのは、〈ビブリオグノスト〉というリトルマガジンのリンド・ウォード特集号だった（一九七六年六月号）。これもアメリカの古書店のカタログで手に入れたものである。この特集では、さまざまな寄稿者によるエッセイや記事のほか、ウォードへのインタビューがあり、ドイツでの修行時代の想い出や出版社との関係、〝字のない小説〟を思いついた経緯などが語られている。

それによると、ウォードは一九二六年にコロンビア大学を卒業すると同時にメイ・マクニアーと結婚し、ハネムーンでライプツィヒにいき、そのままそこに滞在。グラフィックの印刷技術について学び、アメリカにもどったのは翌二七年の春だった。また、彼はドイツで〝字のない小説〟のたぐいをいくつか目にしており、それが刺激になって自分でもヴィジュアルで物語を綴ってみようと思いたったのだという。

さて、いままで紹介してきたように、ボクがリンド・ウォードの本を集めはじめたときに目標としたなかで、*Gods' Man* と *Madman's Drum*、リプリント版だが『フランケンシュタイン』、そして *Storyteller Without Words* はすでに入手できた。残るは *The Haunted Omnibus* である。ボクが最初にウォードを知ったのは、ゲリー・デ・ラ・リーの画集に紹介されていた *The Haunted Omnibus* の挿絵だから、それだけに執着もふかい。しかし海外から送られてくるカタログを何年間も注意してみていたのだが、一回も出てこない。リンド・ウォードのほかの挿絵本や、〝木版画で綴った小説〟の元版の何冊かはその後入手できたが、かんじんの *The Haunted Omnibus* はかすりもしないのである。まあ、冷静に考えてみれば、この本に収められている挿絵の大部分は、デ・ラ・リー編の画集で見ることができるのだが、一度思いこむと意地でも現物を入手したくてしかたない。

そんなフラストレーションがたまっていたから、インターネットを導入して海外古書のオンライン検索ができるようになったときも、まっさきに *The Haunted Omnibus* を探してみた。ダメでもともとという気持ちである。そうしたらアッサリと、じつにアッケなく在庫している店の名が出てきたのである。それも十軒あまり。いやあ、拍子抜けしましたね。しかも値段もそう高くない。それほど珍しい本じゃないのだ。

よくよく見てみると検索に引っかかってきたうち、半分以上は印刷がよくないといわれるリプリント版だったが、それをのぞいても元版を在庫しているところが三、四店はある。コンディションと価格、さらにクレジットカードが使えるかを確認して、もっとも条件のよい店を選んで電子メールで問いあわせてみる。翌日メールで返事があり、送料を加えた値段を知らせてくれた。バンザイ！　これですっかり味をしめ、オンラインでの古書探しが習慣化してしまった。

あらためて紹介すると、*The Haunted Omnibus* はアレクサンダー・ライング編の怪奇小説のアンソロジーで、版元はファラー&ラインハート、一九三七年発行である。判型はオクタヴォというのか、日本では菊判（A5判）に相当する。クロス装で八百五十ページ近くの大冊だ。現物を開いてみてわかったのだが、デ・ラ・リーの紹介で「ウォードが制作した挿絵のうち七点はスペースの都合で採用されなかった」とあったが、挿絵だけはずされたのではなく、その土台となる小説からしてオミットされたのだ。小説はすべて再録とはいえ、ずいぶんザックリとした編集をするものである。収録されているのは、ポオ、スティーヴンスン、ビアス、サキ、ブラックウッド、コッパード、マッケンといった古典的作品ばかり。まあ、発行が一九三七年だから、コッパードやマッケンは新しい部類だろうか。そのほか、『アラビアン・ナイト』やインド説話、ローマ時代の作品などが含まれている。

まあ、このさい小説のほうはどうでもいいのである。問題はウォードの挿絵だ。ここで使われているのは木版でもなく、ペンや筆でもない。これまで紹介したのとは、また違った技法である。これに関しては、ゲリー・デ・ラ・リーが *The Art of the Fantastic* に付した解説文に詳しい。

この本のためにウォードは、それまで使ったことがなくそれ以降も使うことのなかった、あるテクニックを採用している。それについて彼自身の言葉で語ってもらおう――

「*The Haunted Omnibus* に収録される物語につける挿絵を考えているうちに、鉛筆やペン、絵筆で描く素直な画法より、闇を強調できるテクニックのほうがふさわしいと思えてきた。その一方で、この本は活版で印刷されるので、挿絵は線画凸版で再現可能でなければならなかった」

「濃淡と闇の強調という課題にあうもの、しかも線画凸版で再現できるものと考え、私はメゾチントもどきのテクニックを試みた。メゾチントというのは、銅版画家や木版画家がときおり使う階調表現の一種だ。私はまずモーレットと呼ばれる道具を使った。これは、取っ手の先端の軸を中心に小さな洋ナシ形のヘッドが回転するようになっている。ヘッドには小さな突起がランダムに出ており、適当な筆圧を加えながら前後に回転させれば、素材（この場合はセルロイド）のうえにギザギザの痕をつけることができる」

「セルロイドの表面をモーレットを前後に何度となく走らせれば、セルロイドは凸凹になり、微細なあばたが無数その表面をおおうことになる。そうしたら次に、黒の顔料（家庭用塗料でかまわない）をその表面に塗りつける。乾けば準備完了だ」

「小刀か剃刀を用い、セルロイドの黒い表面をこそげとるようにして、絵柄を描きだしていく。浅くこそげればグレーになる。セルロイド上の細かい穴には黒インクがつまっており、こそげることで穴と穴のあいだの黒は取り去られるが、穴には黒がのこるからだ。通常のハーフトーンが点々でグレーを表現するのと、おなじような仕組みである」

「もっと深くこそげれば、黒い点々は小さくなるので白味が増し、明るいグレーが得られる。点々を完全にこそげてしまえば、真っ白になるわけだ」

ずいぶん手間がかかるテクニックだが、それに見あうだけの効果は出ている。点描でもない木版画やエッチングとも違う、〝幽玄〟という言いかたがピッタリくるようなタッチだ。

ところでデ・ラ・リーが入手した *The Haunted Omnibus* の原画六十点は、彼の死後、どうなったのだろう？ コレクションのうち書籍や雑誌についてはいくつかのディーラーに引き取られ、それからしばらく古書市場をにぎわしたことはわかっているのだが……。

〔註1〕 洋古書をインターネット経由で手に入れようとするなら、複数の古書店が参加している〝オンライン版連合目録〟ともいうべきサイトにアクセスするのが便利。おもなものとしてはAdvance Book Exchange (http://www.abebooks.com/)、Bibliocity (http://www.bibliocity.com/)、Alibris (http://www.alibris.com/cgi-bin/texis/seacher) などがあるが、まずはそれらを横断的に検索できるサーチエンジンBook Finder (http://www.bookfinder.com/) を利用してみるといいだろう。ただし、このサーチエンジンは万能ではなく、検索条件の融通性など個々のサイトのほうがすぐれている場合がある。使いこなすには、それぞれのサイトの説明に目を通したうえで、試行錯誤しながら検索のコツを覚えていくのが、けっきょく早道だろう。お目あての本が見つかっても、注文する前に本のコンディションやクレジットカードが使用できるかどうかなど、確認することを忘れないように。

〔註2〕 ただしこれはあくまで、洋古書の購入においてである。日本でもインターネットを利用した古書販売がおこなわれているが、とりあえずホームページを作ってみましたという段階のものが大半で、何か月も在庫データが更新されていなかったりする。オンライン連合目録も大規模なものがなく、トータルの在庫量や検索性の面でこころもとない。古書業界全体としての今後の取り組みに期待したい。

〔註3〕 リミテッド・エディションズ・クラブというのは、その名のとおり限定版で名作を頒布する組織。どういったシステムをとっているのか知らないが、おそらく会員制なのだろう。ときどき古書目録でもその刊行物を見かける。目録の記述で知ったのだが、限定版といっても二千部からは刷っている。これなら、とくに稀覯本というほどじゃない。あるいは、タイトルによってはもっと発行部数の少ないものもあるのかもしれないが。

〔註4〕 海外古書店との取り引きでクレジットカードが使えない場合の精算方法はケース・バイ・ケース、ディーラーの方針に従ったり、

こちらの要望を受け入れてもらったりで、いろいろなバリエーションがある。ここではカタログに載っているものを注文するという場合で考えてみる。こちらの注文に対して先方から請求書を送ってもらい、その金額ピッタリを送金するというのが一番スッキリする。しかし、とくにアメリカでは小切手が日常的に使われ、通信販売の支払いも残金の払い戻しもこれでおこなうのが慣例だから、日本の客が「請求書を送ってくれ」というのは、むこうにしてみれば面倒なことなのだ。あからさまにイヤがるところもあるし、そうでなくても、こちらの注文があとまわしにされてしまうのではという危惧もある。そこで注文と同時に送金し、「もし注文品のなかで先に売れてしまったものがあれば、そのぶんは次回注文へと繰り越ししてほしい」と書き添えることになる。繰越金額の書きつけを送ってくるところもあれば、小切手を送ってくるところもある。いずれにせよ次回の注文時にその金額を差し引いて送金すればいい（そのさい小切手はわすれずに送り返すこと）。送金は通常、郵便局の国際為替を利用する。銀行で送金すると莫大な手数料がかかるのでご注意。

〔註5〕　挿絵本というものは図版の印刷が重要なので、いったいに元版は希少価値という以上の意義を持つ。もっとも『フランケンシュタイン』の場合、常識的に考えて、ウォードの作成した版木をそのまま使っているとは考えにくく、版画から刷版を起こしてそれを印刷に使用したはずだ。そのうえ単色なので、おそらく写真製版で起こしたであろうリプリントでも、それほどの差はでないだろうと判断したわけである。しかし *Gods' Man* に関しては、刷版を起こして印刷した〝普及版〟のほかに、版木をそのまま印刷に用いた〝限定版〟が存在するそうである。ボクが持っているのはもちろん普及版のほうだ。

〔註6〕　このとき買ったなかの一冊に、やはりウォードが挿絵を担当した *Prince Bantam* があり、これが意外な掘り出し物だった。なんと源義経の物語。Bantam というと、ペイパーバック出版社からの連想で「ニワトリ」のことだとしか思っていなかったのだが、辞書を引くと「小柄でケンカ好き」という意味があるとのこと（鶏のほうもただのニワトリじゃなくてチャボだそうな）。しかし、義経はたしかに小柄だけどケンカ好きじゃないがなあ。文章はウォード夫人のメイ・マクニアーが書き、ウォードの挿絵はおそらくペン画、それ以外にカラーの口絵が一葉付されている（描かれているのはもちろん五条の橋の上で牛若と弁慶が対決する場面である）。マクミラン社から一九二九年に出版された。

〔註7〕　これ以外にリンド・ウォードには、児童むけに作成した〝字のない物語〟の『白銀の馬』がある。邦訳（?）は、冨山房から昭和四九年に出版。これ以外にウォード自身が文章も書いている絵本が何冊かある。そのうちの一冊は、日本でも翻訳が出ている

『おおきくなりすぎたくま』（渡辺茂男訳、ほるぷ出版、昭和六二年）である。ボクの知るかぎり、ウォードが挿絵を担当した絵本がもう一冊邦訳されている。スコット・オデール『銀を持ってきたロバさん』（山本けい子訳、ぬぷん児童図書出版、昭和五六年）。以上三冊の邦訳書では、ウォードではなく「ワード」と表記されている。かんじんの絵のほうは、いずれも木版画ではない。

〔註8〕ロバート・ワインバーグは怪奇小説の研究家、コレクターであり、みずからも創作をなす。書籍・雑誌の通信販売も手がけており、通常は新刊のみを扱っているが、ときたまパルプマガジンやイラスト原画のカタログを発行する。しかし、ここのカタログでパルプマガジンを注文しても、ほとんどが先に売れちゃっているんだよなあ。*A Biographical Dictionary of Science Fiction and Fantasy Artists* は、英米を中心としたSF・ファンタジイのイラストレーターの名鑑。ボクのネタ本のひとつだから、ホントはあまりヒトに教えたくないのだ。手元の一冊はワインバーグから直接買ったのでサインが入っている。

第18章　グロテスクな想像力、ミハイル・ブルガーコフ

店頭本はあなどれないという話

阿佐ヶ谷の古本屋をひやかして歩いたら、北口の商店街の先にある、Y書店の店頭でゴーゴリの『死せる魂』（野崎韶夫訳、白水社、昭和三十年）を見つけた。阿佐ヶ谷はむかしから個性的な古本屋が多く、この店も小説・アート系・思想系・マンガを中心にスジの通った品揃えで、棚を見ていて気持ちがいい（註1）。そのうえ、店頭の見切り本のなかに、ちょっとした拾いものが見つかることもある。今回の『死せる魂』もそんな一冊。元の付け値の上に横棒を引いて、半額になっていた。立ち飲みのコーヒー一杯分である。

ゴーゴリといえば、ロシアのリアリズム文学の開祖というのが一般的な位置づけだが、ボクにとっては、怪異談「ヴィー」やナンセンス・ユーモア「鼻」といった短篇のほうが馴染みがある。そんなわけで、大長篇『死せる魂』はどうも近づきがたかった。ゴーゴリの苦心の絶筆にして、世のなかの悪を激しく告発した問題作とくれば、軟弱なボクなど腰が引けてしまう。

それをふと手にとってみたのは、古本屋の店頭本の気やすさである。それに加え、本そのものも軽装で薄かった。それもそのはず、この白水社版はゴーゴリ作品そのものではなく、演劇台本の翻訳だ

ったのだ。背表紙には「ゴーゴリ　死せる魂」としか書かれていないが、手にとって表紙を見ると、「ゴーゴリ原作　ブルガーコフ脚色」とうたってある。

えっ、ブルガーコフ？

即座にボクの注意は、ゴーゴリそっちのけでブルガーコフへと移る。ブルガーコフって、あのブルガーコフ？　あわてて「あとがき」に目を通すと、〔脚色にあたったのはミハイール・ブルガーコフ（一八九一―一九四〇）であった〕とある。やっぱり、あのブルガーコフだ。

古本探しでおもしろいのは、こうした瞬間である。なんの気なしに手にした本に、意外な名前や記述を見つける。ふつう「掘り出し物」というと、貴重本を安い値段で見つける意味に使われるが、むしろこうした予期せぬ出逢いのほうが「掘り出し物」という感じがするのではないか。ま、あとになってみれば、知らなかったのは自分だけで、あんがい常識的なことだったりする場合も多いけれど。それでも、こういう発見・出逢いは人生の余禄とでもいうべきもので、小さな感動がある。

こんな昔にブルガーコフが紹介されていた

ひとりで喜んでしまったが、「あのブルガーコフ」について紹介するのが、話の順番だろう。その名から察せられるようにロシアの作家で、手術で犬を人間に変身させる『犬の心臓』、モスクワで悪魔一党が跋扈《ばっこ》する『巨匠とマルガリータ』などの奇想・幻想小説で知られている。活躍したのは一九二〇年から三〇年代だが、体制批判的内容によって当時のソ連政府から睨まれ、発表の場が制限されてしまった。完成に十年を費やした『巨匠とマルガリータ』は彼の遺稿にあたるが、これが陽の目を見たのは、作者の死から四半世紀以上の歳月を経た一九六六年のことだった。

『巨匠とマルガリータ』は、日本では最初『悪魔とマルガリータ』(安井侑子訳、新潮社、昭和四四年)という題名で翻訳されたのだが、ボクは高校生のとき、この本を古本屋で見つけてすっかりブルガーコフのファンになってしまった。モスクワの日常世界を舞台にしながら、グロテスクな奇想性ととめどない饒舌さによって、異形の空間を出現させてしまう。色調こそ異なるが、ラテンアメリカ小説や現代アメリカ小説の「魔術的リアリズム」に通じるものがある。

この新潮社版『悪魔とマルガリータ』に先だって、集英社の《世界文学全集》の二十九巻に中篇「運命の卵」(米川正夫訳)が収められたのが昭和四二年。このあたりがブルガーコフの日本初紹介だと思っていたのだが、白水社版『死せる魂』はそれより十年以上早い。もちろん、ソ連本国で『巨匠とマルガリータ』が解禁(?)されるよりも前だ。いったい、そのころ、ブルガーコフはどんなふうに紹介されたのだろう。

そう期待しながら「あとがき」を読んだのだが、まるっきりの肩すかし。おそらくこの時点では、訳者の手元にブルガーコフがいかなる作家かという情報がなかったのだろう。演劇がらみの経歴が簡略にふれられているばかりで、目を引くのはせいぜい、ブルガーコフがモスクワ芸術座の演出部に入ったとき、スタニスラフスキーが、この男は「演出家、あるいは、もしかすると俳優の才能がある」と認めたというエピソードぐらいである。かんじんの『死せる魂』にしても、ブルガーコフの脚色に対しての評価はなく、むしろスタニスラフスキーが補筆した事実を強調している(スタニスラフスキーはモスクワ芸術座の創立者であり、〝スタニスラフスキー・システム〟という演劇論を唱えた人である。この『死せる魂』も同劇場で上演されるために脚色された）。

同書には訳者の「あとがき」のほか、ゴルブノーヴァおよびヴィレンキンという人たち（評論家？）による『死せる魂』評が併載されているが、どちらもスタニスラフスキー礼賛ばかりで、まるでブルガーコフは下働きのような扱いである。ブルガーコフのファンであるボクにとっては不満だけど、ま、相手があのスタニスラフスキー先生じゃ、しかたないか。

気をとりなおして、本文を読むことにする。戯曲だから、台詞と簡単なト書きだけ。すらすら読める。

『死せる魂』は詐欺師が主人公。しかも、死んだ農奴を利用してひと山あてようというゲテゲテ野郎である。その当時のロシアは、農奴も所有財産として課税の対象になっており、しかも戸籍調査は

『死せる魂』
ゴーゴリの名作を
奇想小説家ブルガーコフが脚色

『劇場』
自伝だと思って読んだら、
とんでもない異様小説だった

十年ごとなので、そのあいだに死んだ農奴がいても次の調査までは税がかかってしまう。そこに目をつけたのが山師チーチコフ。まず、地主たちから死んだ農奴をただ同然で譲りうける。次に、戸籍上はまだ生きていることになっているこの農奴たちを担保に、銀行から融資を受ける。かくして大儲けという算段だ。

チーチコフも悪党だが、地主たちも一筋縄ではいかない連中ばかり。といっても悪賢いのではなく、頭のネジがユルんでいるのだ。かくしてトンチンカンなやりとりが繰りひろげられることになる。ドタバタ、ハチャハチャ、デマが飛びかい、ウソがウソを呼ぶ。ちょっとナンセンスな味わいもあって、けっこう笑えます。ボクの好みは、用もないのに義弟を連れまわして、会う人ごとに「これは妹のつれあいのミジェーエフです」と紹介する、躁病気味の地主ノズドリョーフ。

比較してみようとゴーゴリの原作も買っておいたのだけど、例によって本の山のなかに埋もれてしまって見つからない。原作は厚い二分冊だから、この戯曲版は五分の一、もしかすると十分の一くらいの分量だろう。どこまでブルガーコフの手が入っているのかわからないが、読んだ印象だけで言うなら、ブラック・ユーモアの感覚では『巨匠とマルガリータ』に通底するものがありそうだ。

なんの気なしに買っておいた本が役立つとき

戯曲版『死せる魂』を読んだら、急に、幻想小説家ブルガーコフと演劇とのかかわりに興味がわいてきた。うまいことに、ずっとむかしに買っておいた、ブルガーコフの『劇場』(水野忠夫訳、白水社、昭和四七年）〔註2〕という小説がある。

邦訳のあるブルガーコフの小説はほとんど読んでいるけど、『劇場』だけは未読だった。読まなかった理由はしごく単純で、リアリズム小説だと思っていたのだ。この作品は、ブルガーコフの自伝的作品といわれ、コシマキの惹句にも〔文学と演劇に情熱を傾け、なによりも劇場を愛した主人公の希望と挫折〕なんてある。それだけ聞くと、いかにも青くさくて、つまらなそうではないか。

そう思いながらも、ブルガーコフの作品だから、いちおう買っておいたのだ。ここらへんが古本マニアの習性である。手に入れたのはどこぞの古書展で、値段はラーメン一杯分。

こんなふうに、そのときはとりたてて読む気もなく買っておいた本が、あとになって急に読みたくなる、あるいは資料として必要になるというのは往々にしてあることだ。どんな巡りあわせがあるやも知れない。この『劇場』だって、『死せる魂』を読まなければ、ずっと書架で埃をかぶったままだったろう。

まず、ブルガーコフと演劇との関係だが、『劇場』の本文と訳者の「解説」からわかったのは、ブルガーコフは最初は小説家として出発し、演劇に対して積極的な興味はもっていなかったということ。彼の作品に注目した演劇関係者のほうから接触してきたらしい。どちらかというと巻きこまれるかたちで、演劇界と関係をもったブルガーコフだが次第に演劇に興味を募らせていく。決定的なのは、彼の小説がソ連政府から目をつけられたことで、作品発表の途を失ったブルガーコフは演劇に頼って糧を得るようになる。いや、さらに詳しく言えば、演劇のほうでも戯曲の上演ができなくなっていたのだが、政府に直訴して、モスクワ芸術座のメンバーに参加させてもらったのだ（この時点で彼は、戯曲作家としてではなく、舞台監督、あるいはそれがダメなら大道具係でもよいと思っていた)。かくしてブルガーコフとモスクワ芸術座、そしてスタニスラフスキーとの深いつきあいがはじまり、『死せる魂』の脚色を手がけたのである。

これで歴史的事実はわかった。だが、これは『劇場』を読んで得た収穫のうちの〝小さい〟ほうにすぎない。じつは予期しなかった〝大きな〟収穫があった。

それは、この作品そのものが、ブルガーコフの傑作『巨匠とマルガリータ』や『犬の心臓』につながる幻想小説――しかも異色作だったということだ。自伝的小説であることはまちがいないが、それを綴る筆致はとてもリアリズムなどとは呼べない。精神をやや失調している語り手、彼をとりまく辻褄のあわない世界や叙述の視点も限定されており、物事の因果関係をとらえることができない。ヘンリイ・ジェイムズ流〝意識の流れ〟プラス、フランツ・カフカばりの〝不条理〟……といってしまうと、じつはちょっと大袈裟で、作品全体を見わたせばそれほど重くない。ただし、ある場面だけとってみれば、ジェイムズより鬼気迫るし、カフカなみに不安定だ。その一方で、別な場面ではすっきりすんなり物事が運んだりする。そうした妙な緩急というか、リズムの乱れというかが、この小説の魅力である。

やっぱりブルガーコフは一筋縄ではいかない

たとえば冒頭、主人公は、憑かれたようにして書いた小説が世間に認められず、自殺を思いつめるようになる。作家の集まりでは、妙なアドバイスに混乱させられたり、また好意的な言葉をかけてくれる者もいるが、その裏で罵倒していることがわかったりで、主人公はもうヘロヘロ。原稿をもって台所に逃げ出すと、そこで保母が目を真っ赤にして水を飲んでいる。彼はなぜか、保母に一ルーブルをさしだし、そのことで彼女の激昂を買ってしまう。

主人公はすっかり壊れている。周囲も彼に無関心か（理由もなく）悪意を持っている。もうダメだと鬱々とアパートにこもり、あげくに友人から盗んだ銃をこめかみに押しあてていると、階下からオーケストラの大音響が聞こえ、突然にドアが開く。あらわれたのはメフィストフェレス。実際は雑誌の編集者なのだが、主人公にとってはメフィストフェレスなのだ。まず直感的にそう見えたり、誰もが無視した原稿を「見せてくれ」と言うあたり、魂を引きかえに願いを叶える悪魔めいている。しかし、このメフィストフェレスの出現で、彼は命をとどめ、運命が開けることになる。原稿が採用されたのだ。

……というような調子で物語が進む。二進も三進もいかないのも、逆にトントン拍子に運ぶのも、みんな主人公の意志や努力とは関係がない。これはかなり意地の悪い小説である。いや、自伝的作品というからには、ブルガーコフが人生のなかで感じてきた焦燥感や諦観なのだろう。

作品の佳境は、ようやく発表した小説がきっかけとなり、独立劇場のメンバーに加わってからである。作中では「独立劇場」となっているが、いうまでもなくブルガーコフが在籍していた「モスクワ芸術座」のことだ。主人公は脚本家として働くようになるのだが、劇場の人間関係やシステム、さらに建築構造がどうにも飲みこめない。誰かに尋ねるにしてもなにやら聞きにくいし、遠まわしに聞いてみても要領を得ない答しか返ってこない。困惑もするし苛立つこともあるが、それでもカフカの作中人物のように絶対的な孤独に落ちこむわけではなく、それなりに日常がすぎていく。

劇場のわけのわからなさが読みどころなのだが、このあたりブルガーコフのグロテスクな想像力の本領発揮である。戯曲を書きあげた主人公は、舞台監督に指示されて更衣室に行かされる。そこでタイプで清書してもらえというのだ。更衣室にはポリクセーナという女が机をかまえていて、いろいろなことを仕切っているらしい。よく事情がわからないまま、主人公が更衣室を訪ねると、ポリクセーナがひとりの男と口論の最中。怒り心頭に達したポリクセーナが力まかせにテーブルを叩くと、ペン立てから突きでていたペン先で掌をグサリ。ポリクセーナはジタバタするし、口論の相手は慌てふためいて医者を呼びに走る。こうしたテンポのよいドタバタは、筒井康隆の初期作品を髣髴《ほうふつ》とさせる。そういえば、筒井も若くして演劇を志した作家だ。もっともブルガーコフは脚本、筒井は俳優という違いはあるが。

劇場は謎に満ち、侍従に毎日自動車を洗わせながら、出かけるときはかならず馬車を使う座長、主人公の名前をいつまでたってもおぼえない重鎮たち、どんな戯曲であっても射撃の場面はいっさい認めない慣習……。それぞれ離れてみれば滑稽なことだが、自分の身のまわりにあれば不快だったり不気味だったりする。この作品を読んで、いかにもブルガーコフだなと思うのは、こうした描き方である。

自伝というと、どうしてもそれを書いている現在の視点から、過去をわかりやすく整理してしまいがちだが、ブルガーコフはまるで違う。もちろん『劇場』はあくまで自伝的小説であって、ほんとうの自伝ではないので、同列に比較はできない。しかし、ブルガーコフは自身の体験を小説というかたちでしか語れなかった、といったほうが正しいかもしれない。政治的な次元の問題だけではなく、表現性の問題として。劇場というシステムは、日常的論理から逸脱した体験をブルガーコフに強いたのだろうし、彼もそのなかで生きるしかなかったのだろう。

〔註1〕 Y書店はボクのお気に入りの古本屋のひとつだったのだが、先日、閉店してしまった。残念!

〔註2〕『劇場』は、《20世紀のロシア小説》という叢書の第一巻目。ほかにギッピウスの『悪魔の人形』やベルーイの『魂の遍歴』などがラインナップされているが、最大の目玉はワレリイ・ブリューソフの短篇集『南十字星共和国』である。収められているのは、シンボリズムからサイエンス・フィクションまでさまざまだが、いずれもイメージ喚起力がすばらしい。

終章　古本日記Ⅱ
―世紀末百貨店古書即売会七転八倒之図―

夏といえば、健全な男女は海辺や山へ繰りだしたり、格安航空券を手配してステキな休暇を楽しむ季節である。しかし、コレクターはリゾートに出かけたりしない。夏はデパート展の季節だからだ。いつ目録が届くかと郵便受けをのぞき、夏休みを小分けにして、古書展初日に駆けつける。もちろんボーナスは、本の購入資金である。

デパート展には東京近隣ばかりではなく、さまざまな地方の古本屋が出品するので、いきおい期待感が高まる。ふだん古書会館での展覧会に出かけられないファンも、この時期こそと気合いを入れる。いわば夏祭りのようなものだ（デパート展の季節は夏ばかりではない。冬にもデパート展は多い。もちろんボーナスシーズンに合わせているのだ。まあ、ボクのようなボーナスに無縁の人間には、関係ありません）。

本書のしめくくりとして、古本マニアの熱闘、一九九九年のデパート展の実況報告をお伝えしよう。

七月二二日　伊勢丹浦和店古本市

猛暑である。仕事なんて手につかない。夏バテか、それとも鬱《うつ》のサイクルに突入か。そういえば春あたりから妙にハイな気分がつづいていて、まわりに迷惑をかけていた。その反動がきてドーンと落ちこんだのかもしれない。それでも古書展には出かけるのだ。

伊勢丹浦和店の古書展は今回が二回目の開催。前回は出かけそびれてしまったので、どんなようすかわからない。デパートの開店二十分前に到着。たいていデパート展といえば、早くから人の列ができるものと相場が決まっているが、その気配がない。ふつうのお客にまじって、古書展の常連が十人ほどたむろしているだけだ。彼らの雑談を小耳に挟むと、どうやら前回の（つまり第一回の）展覧会が思ったほどの品揃えではなかったようで、それが出足に響いているようだとのこと。デパート開店と同時にエレベータに乗りこむが、途中の階で降りるオバさんたちのおかげで、古書展の会場である七階になかなか到着しない。

客の出足はいまひとつと思っていたが、十分もたたないうちに、百人くらいが会場に散らばっている。別なエレベータでのぼってきた人たちもいるらしい。会場で幅を利かせていたのはマンガ。そのコーナーに一目散に駆けつけるマニアも少なくない。こちらは身体がヘロヘロだから、端のほうから順番に眺めていく。大収穫こそなかったけれど、海外文学の絶版書が安く出ていたのが目についた。

＊この日の購入書

稲垣足穂『タルホ座流星群』（大和書房、昭和四八年初版、帯付・ビニールカバー欠）――叢書《夢の王国》のなかの一冊。装幀が楽しい。

ジュリアン・グラック『シルトの岸辺』（集英社、昭和四九年初版、帯付）――所蔵本がだいぶくたびれているので買い替えた。知る人ぞ知る珠玉の幻想小説。

モーリス・ブランショ『至高者』（筑摩書房、昭和四五年初版、帯付）――ブランショは『アミナダブ』が傑作だったけど、ほかの作品はもうひとつピンとこない。この作品はどうかな？

新井苑子『フローラ美術館』（河出書房新社、昭和六三年初版、帯付）――日本を代表するファンタジイ画家の小画集。

E・R・バローズ『ペルシダ王国の恐怖』（国土社、昭和六一年三刷）――子どもむけSFシリーズの一冊、翻訳は福島正実。

須知徳平編『妖怪ゆうれい物語』（偕成社、昭和四八年初版）

白木茂訳『怪談英米編2　怪奇！一〇五号室』（講談社、昭和四八年初版、カバー欠）――以上二冊は「催眠心理学精神科学研究所」の蔵書印あり。うーん、あやしげだなあ。

R・A・ラファティ『子供たちの午後』（青心社、昭和五七年初版）――この本は古本で見つけるたびに買っている。ボクはラファティの大ファンなのです。

そのほか文庫本二冊。合計で四千六百円

七月二七日　横浜そごう古書籍大即売会

あいかわらず身体はヘロヘロ。冷やした麦茶を毎日五、六リットル飲む日々。それでも古書展にいく。

開店二十五分前に到着すると整理券をわたされた。33番。十五分前になると番号順に整列され、エスカレータで八階の催事場まで誘導される。古書展以外の客とは別に入館させるのは、混乱を避けるためである。数年前までは一番下の階の表玄関から入れていたが、「御利用階をお教えください」のアナウンスに、「バカヤロ！　八階だ、八階。途中の階にとめるんじゃないぞ！」と怒鳴りかえしたオヤジがいて、エレベーターガールを泣かすというアクシデントがあった。

さらに、その昔のデパート展といえば、エレベーター内でのケンカ、階段を二段抜きで駆けあがる客、ぶつかりあってフロアに転倒する者、棚から本をたたき落とすマニアなど、あきれるほどの無法地帯だったが、最近はそういうこともなくなった。デパート側も事情をよく飲みこみ、トラブルがないように客を誘導するようになったし、マニアも少し代替わりしたせいか大人しくなった。いや、いちばんの要因は、目の色変えて競いあうような出物がなくなったことかもしれない。

〈第２回伊勢丹浦和店古本市〉
〈第25回横浜そごう古書籍大即売会〉
〈第３回東急渋谷大古本市〉

目録が届いた時点から
古本ファンたちの戦いははじまる

というわけで、今回もトラブルなく開場。いつもより会場が狭くなったのは気のせいか。出品する書店の傾向にもよるのだが、このところは地誌や郷土史、民俗資料関係などが目立つ。もちろんボクにはまったく無縁だ。そうはいっても、過去の横浜そごうの展覧会では、つねにそこそこの買い物をしてきた。だから期待度は高かったのだが、今回はどうも事情がちがう。

もしかするとボクの集中力が落ちているせいかもしれない。会場をひとまわりしてわずか四冊。『沖の小娘』が完全なコンディションだったのが嬉しかったが、あとは、そう慌てて買う必要のない本ばかり。古書店ではひとまわりですますのではなく、もう一度ゆっくりとまわるのが鉄則だが、気力が萎えてしまい、そのつもりにならない。背中を丸めて帰宅。

＊この日の購入書

ジュール・シュペルヴィエル『沖の小娘』(青銅社、昭和五二年初版、函・帯・月報付)――優しいファンタジスト、シュペルヴィエルの短篇集。堀口大學の名訳と、いきとどいた造本が魅力。

イタロ・カルヴィーノ『冬の夜ひとりの旅人が』(松籟社、昭和五九年三刷、帯付)――初版も文庫版も持っているのだが、この三刷の帯には書評の引用があるので。ボクはカルヴィーノの大ファンなのだ。

メアリ・W・シェリー『フランケンシュタイン』(国書刊行会、昭和五四年初版)――創元文庫、角川文庫でも読めるが、かねてより訳文を比較したいと思っていたので。《ゴシック叢書》のなかの一冊。このシリーズもそろそろ揃えたくなってきた。

フレデリック・ヴィトウー『セリーヌ　猫のベベールとの旅』(創林社、昭和五八年初版、帯付)――セリーヌといえば、かのパンク小説『夜の果ての旅』の作者だ。そのセリーヌが飼っていた猫の伝記が本書である。猫好きにはヘンな人が多いが、セリーヌは天下のろくでなしだった。

以上合計で四千七百円。

八月六日　新宿京王百貨店大古本市

ほとんど破滅小説なみの真夏日がつづき、ひがな一日、水風呂に浸かってすごす毎日。すぐ水がぬるくなってしまうので、頭に来て氷を大量にブチこむ。まるで動物園の白熊である。とうぶん人間界に復帰できそうもない。それでも古書展には出かける。

今年はどういうわけか、京王の目録が送られてこなかった。いつも買い物しているのに、どうしたわけじゃ。不満顔で新宿に到着したのは開店二十分前。正面玄関の前にはすでに百人ぐらいが列を作っている。十分前になると係員の指示に従い、二列縦隊でエレベーターへ。列の先頭を会場中央通路の奥まで引きこんだ状態で、開場まで待機。デパートの構造という問題もあるが、客の誘導については、この京王百貨店のやりかたが、いちばん円滑でトラブルが少ないと思う。

参加書店の数も売場の広さも、デパート展有数の京王だが、ボクの食指が動くような本がない。たまにあっても、手がとどく金額じゃなかったりする。しかも本の数が多すぎて、消耗している身体にはキツい。古本探しはなにより体力が勝負だということをあらためて思い知る。ああ、麦茶と水風呂が待つおウチが恋しい。それでも反射的に手に取った本が二冊。

＊この日の購入書

中島河太郎編『ビーストン傑作選』（創土社、昭和四五年初版、函・帯付）――所有している本は帯がなかったので、買い替えたのである。なんでもかんでも帯にこだわるマニアじゃないが、創土社の本はなるべく完全な状態で揃えたい。

ジュリアン・グラック『陰鬱な美青年』（筑摩書房、昭和四五年初版、帯付・ビニールカバー欠）――これも帯が目あて。この夏、二冊目のグラックである。グラックの作品は耽美・退廃を通り越して、廃墟的ともいうべき域に達しており、そこがたまらない。

以上合計で二千円。

八月十二日　伊勢丹新宿店大古本市

このところかき氷が主食。身体はバテバテで、電話が鳴っても受話器を持ちあげる気すらしない。それでも古書展がオイラを呼んでいる。

伊勢丹（新宿）の古本市は、京王百貨店とならびデパート展シーズンのメインといってよかろう。今年は京王が不漁だったので、伊勢丹に期待をかける。しかし、駅の階段で立ちくらみをおこしたせいで電車に乗りおくれ、到着したのは開店五分前。伊勢丹では、古書展の客だけ明治通り側の玄関に並べ、そこから階段を通して六階の会場まであげる。回数を重ねているだけに、係員の誘導も手際がよい。しかし、歩いて六階まであがるのは少々こたえる。古本ファンには年輩者が多いのだ。夏バテのボクも足元があやしい。

伊勢丹の会場の難は、棚と棚のあいだのスペースが狭いこと。そこにかなりの人数がつめかけるから、身動きするのが大変。なかには悠々と立ち読みしているオッサンもいて、人の流れをせきとめている。そのほか、平台の本の上にカバンを置いているサラリーマン、子連れの主婦、仲良く話しこんでいるカップル。あんたら、なにも、いちばん殺気だっている初日の朝にこなくてもいいでしょうが。別にマニアぶって言っているんではありません。まわりの迷惑を考えてね、ということだ。ま、こうしたヒトたちもデパート展ならでは。神田や高円寺の古書会館の古書展では、要領を心得た常連客がほとんどだから、こんなことはない。

そんなこんなで混みあうなかをかいくぐって、本を拾いあげていく。冊数はかなりになったが、新しい本がほとんど。それでも本の重みは単純に嬉しいものだ。会計の列に並びながら近くの売場を見やると、怪奇作家のＫさんが本を物色している。収穫ありましたかと声をかけると、「うーん、いまのところあんまり。まだガラスケースのほうは見てないけど」。斯界でも読書家として知られるＫさんだけに、古色蒼然たる古本から洋書まで、さすが猟書にも気合いが入っている。

＊この日の購入書
木村小舟『改訂増補少年文學史　明治篇下巻』（童話春秋社、昭和二六年初版、函付）——今回買ったなかで唯一古書らしい古書。端本だったから値段も安かった。資料として購入。

ピエール・ブール『$E=mc^2$』（筑摩書房、昭和三三年初版）——初期の翻訳ＳＦ。所蔵の本は貸本あがりだったが、ようやく買い替えることができた。

ジュール・ベルヌ『海底二万マイル』（偕成社、昭和四三年初版、函付）――これは懐かしい。小学校の図書室で読んだのが、この偕成社版の《ベルヌ名作全集》だったのだ。ほかの児童向きベルヌ全集はかなり揃えたが、肝心のこのシリーズだけが見つからずにいた。ほかの巻も引きつづき探すぞ。

山尾悠子『角砂糖の日』（深夜叢書社、昭和五七年初版、函・帯付）――近ごろ再評価著しい山尾悠子の、これは歌集。

『こんなビデオが面白い　ファンタスティック映画編』（世界文化社、昭和六三年初版、函付）――じつをいうとホラー映画には目がない。この本、持っていたような気もするが、どこにいったかわからないので購入。

篠田節子『アクアリウム』（スコラ、平成五年初版、帯付）――ＳＦやミステリのファンのあいだで、シノラーといえば篠田節子フリークのことだ。ボクも全作品を追いかけているが、『アクアリウム』は文庫でしか持っていなかった。初版本はもちろん買いだ。

笠井潔『梟の巨なる黄昏』（廣済堂出版、平成五年初版、帯付）――これも新刊時に買いのがしていた本。笠井潔は評論がすばらしいが、創作でも膂力《りょりょく》を示す。

『橘外男ワンダーランド　満州放浪篇』（中央書院、平成七年初版、帯付）

『橘外男ワンダーランド　幻想・伝奇小説篇』（中央書院、平成七年初版、帯付）――古本で揃えているシリーズのひとつ。橘外男は久生十蘭や夢野久作などとおなじく、ときどき無性に読みたくなる作家のひとり。

皆川博子『結ぶ』（文藝春秋、平成十年初版、帯付）――皆川博子は最近急に気になりだした。すこしまとめて読んでみようと思っている。

『十の恐怖』（角川書店、平成十一年初版、帯付）――ホラー小説のアンソロジー。こうした本はすぐに読むわけではないので、たいてい古本屋のお世話になる。

ジョー・クーパー『コティングリー妖精事件』（朝日新聞社、平成十一年初版、帯付）――映画『フェアリーテイル』の原案となった本。おなじ妖精事件を題材とした小説では、スティーヴ・シラジー『妖精写真』が傑作だが、この作品はどうだろう。

西崎憲編『小さな吹雪の冒険』（筑摩書房、平成十一年初版、帯付）――ボクがひそかに敬愛している西崎憲さんが、腕によりをかけて編んだイギリス小説のアンソロジー。

ダン・シモンズ『エンディミオン』（早川書房、平成十一年初版、帯付）――これは本来、新刊で購入すべき本。買いそびれていたのが幸いしたケース。

荒俣宏『ホラー小説講義』（角川書店、平成十一年初版、帯付）――これも新刊で購入すべき本。資料として必携。

そのほか新書九冊、雑誌二冊。合計で二万四千五十円。

八月二七日　東急渋谷大古本市

このところ外出するときは、冷やした麦茶をペットボトルに詰めて持ち歩いている。まるで東京砂漠をいくキャラバンだ。渋谷駅についたときはすでにボトルが空っぽで、遭難しそうになる。それでも古書展をあきらめるわけにはいかない。

開店二十五分前、すでに一階エレベータの前に列ができている。係員が出て整理にあたっているが、エレベータ前のスペースが狭いこと、そこが通勤者の通り道になっていることなどあり、誘導がしにくそうだ。エレベータ二基を使って八階の催事場まで客をあげるのだが、あらかじめ一回に乗り切る人数を区切って四列に並べておき、その最後尾からエレベータに乗せる。そうすると先に並んでいた客が入口側になり不公平がない。なるほど、よく考えている。

東急渋谷の展覧会はこれが三回目だが、探偵小説や映画資料の出品が多く、その方面のコレクターがつめかける。ほかの古書展で売れ残ったものをまわしているような店もあるが、全体的にはそこそこ期待がもてる。

会場をまわりはじめ、最初に見つけたのは『明日の宇宙旅行』である。スプートニクの打ち上げをきっかけとして、おびただしい宇宙開発解説書が出版されているが、これは戦前から科学普及に力を注ぎ、戦後も早くから日本宇宙旅行協会を主宰した原田三夫の著書。じつをいえば、ボクは原田三夫に興味があるのではなく、この本が収められた《少国民の科学》という叢書が気になっただけだ。星新一の最初の著作『生命のふしぎ』がこの叢書に入っていたからである。偶然にも、この会場には別の書店が出品した『生命のふしぎ』も並んでいたが、そちらは目玉が飛び出るような値段がついていた。

もう一冊、気になったのは《筑摩世界文学大系》の『ジョイスII オブライエン』である。ボクの目あてはオブライエンのほうで、この巻には初訳の『スウィム・トゥー・バーズにて』が収められている。この本はおととし出版されたのだが、定価六千三百円というのに腰が引けていたのだ。どれだけ値引きされているかと見返しを開いてみるが、値札がついていない。函についているのかと思ったが、やはり見あたらない。これは値札のつけ忘れだろう。こういうときは出品の店を覚えておき、精算時に確かめればいい。ボクの心づもりでは四千円以下なら〝買い〟。それより高かったら、一応値切ってみる。キチンと値付けがされているのを値切るのは御法度だが、こういうケースでは交渉してもよかろう。

そう意気ごんで精算場にむかい、店員に「これ値段がついてないんですけど。○○書店さんの売場にあったんですが」と告げる。すると、その書店の人を呼んできてくれると思いきや、奥の方から別の本を運んできた。函を見ると『ジョイスⅠ』。「これは二冊組なんですね」。あらら、である。ボクはオブライエンのことばかり頭にあったから、並んでおかれていた『ジョイスⅠ』など目に入らなかったのだ。しかも、おなじ全集ながら、『ジョイスⅠ』は函だけ、『ジョイスⅡ オブライエン』は函のうえにさらにカバーがついていて、見た目にも揃いという感じではない。

はっきりいって『ジョイスⅠ』は要らない。収録作のほとんどは文庫本でも読めるんだもの。この全集を揃えるつもりもない。しかし売る側が二冊組というならしかたない。問題は値段だ。『ジョイスⅠ』の見返しに値札がついているようなのだが、なんだかイヤーな予感がする。ボクはさっき上限四千円という心づもりでいた。これが二冊になると八千円か？　でも一冊は要らない本だからなあ、と考えながら値段を見てみると、五千円。うん、二冊で五千円ならば安いぞ。

ホクホク顔で精算をすませたのだけど、あとになってよくよく考えてみると、これじゃ要らない本を千円で買ったのと一緒じゃないか。とっさのことだったのでマトモな判断ができなかったのだ。こうなったら大昔に読んだきりの『若き日の芸術家の肖像』『ダブリンの人々』（どちらも『ジョイスⅠ』に収録）を、再読するしかない。ふう、この暑いのにジョイスか。

＊この日の購入書

『ジョイスⅠ』『ジョイスⅡ　オブライエン』（筑摩書房、平成十一年八刷／平成十年初版、ともに函・月報付）――前述したとおり。オブライエンという名の作家はたくさんいるが、ジョイスとカップリングになるのはフラン・オブライエンに決まっている。彼の代表作『第三の警官』は長らく絶版だったが、今回めでたく、この巻に収録された。もっとも、しゃかりきになって古本屋で元版を探したボクにとっては、めでたくもなんともない。

原田三夫『明日の宇宙旅行』（新潮社、昭和三三年初版、函付）――図書館廃棄本ながら改装や欠落などはなし。廃棄本を嫌う人もいるが、ボクはそれほど気にしない。ただし、ビニールシートでべったりコーティングされているのだけは困るが。

S・A・ドゥーゼ『夜の冒険』（日本出版共同、昭和二九年初版）――スウェーデンの推理小説。薄口のビニールカバーに惹句などが印刷されているという、変わった装幀の本。

バジョーフ『石の花』（河出書房、昭和二八年初版）――ロシアの幻想的な伝承を再話した短篇集。これ以降、児童文学全集などで何度も版を変えて出版されている。

E・F・ベンスン『ベンスン怪奇小説集』（国書刊行会、昭和五四年初版、帯付）――この本は二冊目。古典的な怪奇小説で再刊されそうにない本だから、ダブってても買っておく。

カール・マイ『秘境クルディスタン』（エンデルレ書店、昭和五六年初版、帯付）——ドイツ作家による冒険小説。〝秘境〟という言葉に惹かれて。

岡崎武志『古本めぐりはやめられない』（東京書籍、平成十年初版、帯付）——古本がらみの本はとりあえず買っておくのだ。

そのほか文庫本一冊。合計でちょうど一万円。

あとがき

四六時中、本のことばかり考えている。

風呂に入りながら探求書との出会いを心に描き、食事しながら子どものころに手放してしまった本のゆくえに思いをめぐらせる。寝るまでのあいだも、明日届く古書目録にこんな本が出品されていないかなあと考えている。眠れば眠ったで、見るのは古本屋の夢だ。夢のなかには、現実には存在しない、なじみの古本屋がおよそ三十軒ほどある。毎週のように通う店もあれば、何年かに一度ひょっこりと行きつく店もある。長いあいだ探していた本が見つかる場合もあるし、聞いたこともないヘンテコリンな本を掘りだすこともある。すばらしい収穫に「夢かしらん！」と喜んだとたん、いつも目が覚めてしまうのが、悔しい。

古本屋めぐりや古書展へむかう道すがら、今日はこんな本が見つかるのでは……と期待をふくらませる。これはイメージトレーニングみたいなものだから、とんでもない稀覯書や幻の一冊などを思い描いてはいけない。探求書リストのなかで中途半端に残っているタイトルとか、最近気になって集めはじめた作家の著作とか、棚に並んでいる姿をなるべく具体的に想像するのだ。そうすると五十回に一回くらいは、その想像が現実のものになる。

雑誌などに作家や翻訳家の写真が載っていると、その人自身よりも背景となっている書架に目がいく。あげく、「背文字が読めないじゃないか。ピントがあっていないぞ！」と怒っているあたりは、われながらマヌケだ。

そんなふうだから、本書のジャケットの見本刷りがあがってきたときも、デザインを気にする前に、まず写っている個々の本を点検しはじめた。ふーん、ぼくの持っているような本ばかりだなあと思っていたら、なんのことはない、こりゃ、うちの本棚じゃないか。ははあ、このまえ編集部から人がきて、家の書庫でゴソゴソやっていたが、あれは写真を撮っていたのか。

もしかすると読者のなかにも、ぼくと同じように、このジャケットに写っている本をいちいちチェックして、「なんだ、新しい本ばかりじゃないか」とお怒りの方もいらっしゃるかもしれない。「古本エッセイなのだからもっと古い本を写せ」。

それはそのとおりなのだけれど、いかんせん、書庫の構造上しかたがないのです。古い本が納めてあるあたりは、足の踏み場がないばかりか、カメラからじゅうぶんな距離がとれないため、よほど特殊なレンズや撮影技術がないとムリなのだ。カメラマンが悪いわけでもなく、ぼくが出し惜しみをしているわけでもない。

そのかわりといってはなんだが、撮影することのできなかった古い本についても、いずれ本書の続篇を書いて、みなさんにご披露したい。それまでには書庫のほうも整理して、足の踏み場ぐらいは確保しなければ思うのだけれど、そっちはちょっとムリかなあ。

*　　*

本書ができあがるまでには、いろいろな人たちからご協力、励ましをいただいた。先輩、友人、家族、そして古本屋さん。本来ならば、一人ひとりお名前をあげて謝辞を述べるべきだが、あまりたくさんの方々にお世話になったので、この「あとがき」の紙幅ではとてもたりない。それぞれお会いしたときに、直接お礼を申しあげることにしよう。

もちろん、本書を手にとってくださったあなたにも、深く感謝いたします。

なかには、この本が発行されて何年か後、何十年か後に古本屋で買ったという方もいらっしゃるかもしれない。はてさて、そのころには店頭の均一本に放りこまれているのだろうか、あるいは珍本としてプレミアがついているのだろうか。そんなことを考えると、なんだか愉快だ。

牧　眞司（まき・しんじ）

1959年、東京生まれ。東京理科大学工学部卒。システム開発会社、編集プロダクション勤務を経て、96年よりフリーランス・ライター。書評、文庫解説などＳＦ関連を中心として活躍。現在、〈ＳＦマガジン〉誌上にＳＦ・幻想小説にまつわるコラム「時代遅れのタイム・マシーン」を連載中。訳書に『ＳＦ雑誌の歴史』（マイク・アシュリー著、東京創元社近刊）がある。日本推理作家協会会員。

ブックハンターの冒険　古本めぐり

2000年４月12日　初版印刷
2000年４月17日　初版発行

著　者　牧　眞司
発行者　光行淳子

＊

印刷所　東光整版印刷株式会社
製本所　小高製本工業株式会社
装　幀　重原　隆

＊

発行所　株式会社　学 陽 書 房
東京都千代田区飯田橋１－９－３　〒102-0072
電話　営業　03-3261-1111
　　　編集　03-3261-1112
振替　00170-4-84240

ISBN 4-313-85086-4　C0095